Rundfunk über Gebühr?

Studien zum deutschen und europäischen Medienrecht

herausgegeben von Dieter Dörr

mit Unterstützung der Dr. Feldbausch Stiftung

Bd. 14

Frankfurt am Main · Berlin · Bern · Bruxelles · New York · Oxford · Wien

Dieter Dörr (Hrsg.)

Rundfunk über Gebühr?

Die Finanzierung
des öffentlich-rechtlichen Rundfunks
im Zeitalter der technischen Konvergenz

3. Mainzer Mediengespräch

PETER LANG
Europäischer Verlag der Wissenschaften

Bibliografische Information Der Deutschen Bibliothek
Die Deutsche Bibliothek verzeichnet diese Publikation in der
Deutschen Nationalbibliografie; detaillierte bibliografische
Daten sind im Internet über <http://dnb.ddb.de> abrufbar.

ISSN 1438-4981
ISBN 3-631-50446-2
© Peter Lang GmbH
Europäischer Verlag der Wissenschaften
Frankfurt am Main 2003
Alle Rechte vorbehalten.

Das Werk einschließlich aller seiner Teile ist urheberrechtlich
geschützt. Jede Verwertung außerhalb der engen Grenzen des
Urheberrechtsgesetzes ist ohne Zustimmung des Verlages
unzulässig und strafbar. Das gilt insbesondere für
Vervielfältigungen, Übersetzungen, Mikroverfilmungen und die
Einspeicherung und Verarbeitung in elektronischen Systemen.

www.peterlang.de

VORWORT

Schon immer wurden die Fragen, die mit der Finanzierung des öffentlich-rechtlichen Rundfunks zusammenhängen, kontrovers diskutiert. Die Debatte betraf nicht etwa nur die Medienpolitik, sondern auch das Recht. Dies wurde mit dem Gebührenurteil des Bundesverfassungsgerichts, in dem das verfassungsrechtliche Fundament der Gebührenfinanzierung gelegt wurde, für die interessierte Öffentlichkeit deutlich.

Die technische Konvergenz, insbesondere das Zusammenwachsen von Rundfunk und Internetnutzung, führt zu der Frage, ob man die Rundfunkgebühr erneut verändern muss. Soll die Gebührenpflicht weiterhin am Bereithalten eines Geräts zum Empfang anknüpfen, oder muss die Rundfunkgebühr in eine Kommunikationsabgabe umgewandelt werden?

In der Runde der Ministerpräsidenten hat man sich darauf geeinigt, dass die Gebühr zukünftig auf der Basis eines rundfunktauglichen Geräts pro Haushalt oder Betrieb zu entrichten ist. Wer Rundfunk empfangen kann, muss auch gebührenpflichtig bleiben.

Rundfunkveranstalter sehen hingegen im Hinblick auf neue Empfangsmöglichkeiten auch eine Neudefinition der Grundlagen der Gebührenerhebung als gesetzgeberische Aufgabe der nächsten Zeit an.

Die neuesten Überlegungen der Länder sowie der öffentlich-rechtlichen und privaten Rundfunkveranstalter waren Gegenstand der Diskussion eines hochrangig besetzten Podiums anlässlich des 3. Mainzer Mediengesprächs, das vom Mainzer Medieninstitut zusammen mit der Johannes Gutenberg-Universität am 10. Juni 2002 veranstaltet wurde.

Der vorliegende Band gibt eine Darstellung der Problematik, die unterschiedlichen Meinungen der Experten auf dem Podium und die sachkundige Diskussion mit dem Publikum wieder, um sie einer breiteren Öffentlichkeit zugänglich zu machen.

Mainz, im August 2002   Dieter Dörr

INHALTSVERZEICHNIS

Vorwort	5
Inhaltsverzeichnis	7
Eröffnung und Begrüßung	9
Einführung in das Thema	11
Podiumsdiskussion	19
Das 3. Mainzer Mediengespräch im Bild	35
Podiumsdiskussion (Fortsetzung)	43

Der vorliegende Band 14 der Studien zum deutschen und europäischen Medienrecht dokumentiert das 3. Mainzer Mediengespräch vom 10. Juni 2002 zum Thema **„Rundfunk über Gebühr?"**. Diese Gespräche finden in Zusammenarbeit mit dem Fachbereich Rechts- und Wirtschaftswissenschaften der Johannes Gutenberg-Universität Mainz jährlich im Sommersemester zu einer aktuellen Frage im Bereich des Medienrechts statt.

Themen der bisherigen Gespräche waren **„Was darf Fernsehen?"** vor dem Hintergrund der Ausstrahlung von „Big Brother" bei RTL II und **„Internet for free – forever?"** mit Blick auf die zukünftige Gestaltung des Informationsflusses im Internet.

Nähere Informationen zu den Veranstaltungen und zur Arbeit des Mainzer Medieninstituts erhalten Sie auf **www.mainzer-medieninstitut.de**. Falls Sie regelmäßige Einladungen erhalten wollen, richten Sie bitte eine e-Mail an **veranstaltung@mainzer-medieninstitut.de** oder kontaktieren Sie uns unter:

**Mainzer Medieninstitut, Kaiserstraße 32, 55116 Mainz
Telefon: 06131/14492-50, Telefax: -60**

ERÖFFNUNG UND BEGRÜSSUNG

Professor Dr. Dr. Michael Bock

Dekan des Fachbereichs Rechts- und Wirtschaftswissenschaften

Meine sehr verehrten Damen und Herren,

als Dekan des Fachbereichs Rechts- und Wirtschaftswissenschaften der Johannes Gutenberg-Universität darf ich Sie sehr herzlich zu dem 3. Mainzer Mediengespräch begrüßen. Wieder ist es meinem Kollegen Dörr gelungen, eine hochkarätige Expertenrunde zu gewinnen, und so darf ich ganz herzlich unter uns begrüßen den Ministerpräsidenten des Landes Rheinland-Pfalz, Herrn Kurt Beck, Herrn Jürgen Doetz, den Präsidenten des Verbandes Privater Rundfunk und Telekommunikation e.V., den Intendanten des Zweiten Deutschen Fernsehens, Herrn Markus Schächter, und den Intendanten des Südwestrundfunks, Herrn Professor Peter Voß.

Für unseren Fachbereich sind die Mainzer Mediengespräche eine Ehrensache; aber nicht nur eine Frage der Ehre, denn der medienrechtliche Arbeitsschwerpunkt in der Medienstadt Mainz, der sich schon im Mainzer Medieninstitut sinnfällig verdichtet hat, erfährt in Zukunft eine weitere Verstärkung durch den Weiterbildungsstudiengang Medienrecht, den unser geschätzter Kollege Dörr mit unermüdlichem Einsatz auf den Weg gebracht hat.

„Rundfunk über Gebühr?" ist das durchaus doppelsinnige Motto dieser Veranstaltung. Lassen Sie mich ganz kurz, aber absichtlich bei „über Gebühr" an ein Maß und nicht an eine Finanzierungsart denken. Denn dies liegt für einen Kriminologen, der amtierender Dekan ist, nun einmal weitaus näher, vor allem in den Wochen nach Erfurt. Berichterstattung 24 Stunden auf 24 Kanälen

- und dies tagelang - war mit Sicherheit über Gebühr und weit jenseits eines wie auch immer verstandenen Informationsbedürfnisses der Bevölkerung. Die unablässige Nötigung von Zeugen und Betroffenen, von Passanten und Experten zu absurden Stellungnahmen und Einschätzungen oder emotionalen Selbstinszenierungen war stellenweise peinlich. Echte Tränen gehören vielleicht gut dosiert ins Fernsehen, Krokodilstränen aber sind unwürdig. Natürlich besorgen den Kriminologen auch die Nachahmungseffekte, vor allem wenn das Tatgeschehen bis in die technischen und örtlichen Details so lange erklärt, nachgestellt und nachgespielt wird, bis auch der Dümmste verstanden hat, wie es funktioniert.

Wie aber könnte das rechte Maß aussehen? Ein Psychoanalytiker meinte kürzlich dazu, die Medienberichterstattung über solche Fälle sollte – der Ausdruck hat mich überrascht, aber ich finde ihn immer besser, je länger ich darüber nachdenke – eine elterliche sein, also so behutsam, vorsichtig und reflektiert, wie Eltern ihren Kindern schlimme Ereignisse beibringen, ohne Genuss am vielen Blut, ohne voyeuristische Beteiligung an der Erniedrigung oder am Leiden der Opfer, ohne besserwisserische Geschwätzigkeit, aber vor allem nicht unablässig und immer wieder. Dieses wollte ich an dieser Stelle loswerden, denn ein solches Auditorium werde ich nicht so schnell wieder finden. Ich möchte nun gutes Gelingen wünschen und darf Herrn Dörr bitten, in den anderen Sinn des doppelsinnigen Themas einzuführen, bevor das Podium dann in Aktion treten wird. Vielen Dank!

EINFÜHRUNG IN DAS THEMA

Professor Dr. Dieter Dörr

Direktor des Mainzer Medieninstituts

Sehr geehrter Herr Präsident, sehr geehrter Herr Dekan, meine sehr verehrten Damen und Herren,

ich möchte mit den folgenden Ausführungen nicht die Diskussion um die neuen Gebührenmodelle vorwegnehmen. Wir werden dazu auf dem Podium sicherlich Interessantes, ich hoffe auch durchaus Streitiges hören. Ich möchte vielmehr mit meiner Einführung deutlich machen, was die verfassungsrechtlichen Vorgaben sind, wenn man die Finanzierung des öffentlich-rechtlichen Rundfunks gestalten und umgestalten möchte; denn darum geht es bei unserem Thema auch und vor allem.

Der öffentlich-rechtliche Rundfunk finanziert sich in Deutschland bekanntermaßen ganz überwiegend aus Gebühren. Daher ist das Gebührenfestsetzungsverfahren für die Unabhängigkeit und die Staatsferne des öffentlich-rechtlichen Rundfunks von entscheidender Bedeutung. Seine jetzige Ausgestaltung, die eventuell behutsam oder auch weitgehender reformiert werden soll und die im Rundfunkstaatsvertrag und im Rundfunkfinanzierungsstaatsvertrag niedergelegt ist, verdankt es in erster Linie dem Gebührenurteil des Bundesverfassungsgerichts vom 22. Februar 1994, das im Hinblick auf seine Bedeutung und seine aus meiner Sicht durchaus überzeugende Begründung ganz ohne Zweifel verdient, besonders hervorgehoben zu werden.

In dem damaligen Verfahren ging es darum, ob das davor geltende Gebührenfestsetzungsverfahren mit dem Grundgesetz vereinbar war. Die Entscheidung stellte nicht nur ganz wichtige Weichenstellungen für die zukünftige Ausgestaltung der Rundfunkgebühr, sondern bedeutet darüber hinaus eine deutliche Stärkung der Unabhängigkeit des öffentlich-rechtlichen Rundfunks und eine Sicherung seiner zukünftigen finanziellen Funktionsfähigkeit. Insoweit bekräftigt das Gericht nachdrücklich, dass der öffentlich-rechtliche Rundfunk nicht nur unter den gegenwärtigen Bedingungen, sondern auch zukünftig unverzichtbar ist, um den verfassungsrechtlichen Vorgaben gerecht zu werden. Insbesondere die pluralistische Meinungsvielfalt im dualen Rundfunksystem muss mit Hilfe des öffentlich-rechtlichen Rundfunks gewährleistet werden. Dabei muss nach zutreffender Auffassung der Karlsruher Richter der öffentlich-rechtliche Rundfunk auch in die Lage versetzt werden, im Wettbewerb mit den privaten Veranstaltern zu bestehen. Daraus ergibt sich, und das hatte das Gericht schon vorher festgelegt, der sogenannte Finanzgewährleistungsanspruch, der den Staat verpflichtet, den öffentlich-rechtlichen Rundfunk funktionsadäquat zu finanzieren. Ich merke an, die Universitäten wären froh, wenn sie eine gleiche Verpflichtung durch das Bundesverfassungsgericht anerkannt erhalten hätten.

Im Zusammenhang mit dem Gebührenfestsetzungsverfahren betont das Bundesverfassungsgericht auf dieser Grundlage besonders deutlich den Grundsatz der Staatsfreiheit des Rundfunks; denn freie Meinungsbildung kann nur in dem Maße gelingen, wie der Rundfunk seinerseits frei, umfassend und wahrheitsgemäß informiert. Wesentliche Voraussetzung dafür ist die sogenannte Programmautonomie des Rundfunks. Sie besagt, dass Auswahl, Inhalt und Gestaltung der Programme Sache der Rundfunkanstalten bleiben und sich an publizistischen Kriterien ausrichten müssen. Eine Indienstnahme des Rundfunks für außerpublizistische Zwecke ist untersagt. Das gilt nicht etwa nur für unmittelbare staatliche Einflussnahme und auch nicht nur bei Einflussnahmen Dritter auf das Programm. Vielmehr ist dem Staat auch untersagt, mittelbar

Einfluss zu nehmen. Es muss sogar der Gefahr entgegengewirkt werden, dass der Staat mittelbar das Programm beeinflussen könnte.

Das Gericht hat ganz deutlich erkannt, dass natürlich die Finanzierung ein mögliches Gefährdungspotenzial darstellt, mit dem man Einfluss indirekter Art auf Programm, Programmgestaltung, Programmausrichtung und Programmzahl ausüben könnte. Dies genügt schon. Die Gebührenfestsetzung darf also nach Auffassung des Bundesverfassungsgerichts auch nicht die Gefahr in sich tragen, dass Programm gelenkt oder die Rundfunkordnung gestaltet wird.

Ich bitte das nicht misszuverstehen; das heißt nämlich keineswegs, dass der Staat nicht etwa medienpolitische Leitvorstellungen entwickeln darf. Das darf er sehr wohl. Dies betont das Bundesverfassungsgericht nicht nur in dieser Entscheidung, aber gerade in dieser Entscheidung nachdrücklich. Nur darf man solche Entscheidungen nicht versteckt mittels der Gebühr oder mittels der Verweigerung einer Gebührenerhöhung treffen. Man darf nicht Programmentscheidungen mittels finanzieller Hebel zu beeinflussen versuchen. Es spielten in der Vergangenheit schon einmal Debatten, die so aussahen, als hätten einzelne Länder diesen Versuch zumindest ansatzweise unternommen, im Verfahren vor dem Bundesverfassungsgericht durchaus eine Rolle. Die Gebühr muss sich allein an den Funktionen bemessen.

Ausgehend von diesen Grundsätzen kam das Bundesverfassungsgericht zu dem Ergebnis, dass das damalige Gebührenfestsetzungsverfahren diesen Vorgaben nicht entsprach. Das Gebührenfestsetzungsverfahren sicherte dem öffentlich-rechtlichen Rundfunk nicht hinreichend eine funktionsadäquate Finanzierung; die schon existierende Sachverständigenkommission, die sogenannte KEF – das ist die Kommission zur Überprüfung und Ermittlung des Finanzbedarfs des öffentlich-rechtlichen Rundfunks – hatte damals nur beratende Funktion. Die Länder waren in keiner Weise daran gebunden, auch sonst gab es kaum materielle oder verfahrensmäßige Vorgaben für die Gebührenfestsetzung.

Das Bundesverfassungsgericht hat deshalb gesagt, das reiche nicht aus, man müsse das Gebührenfestsetzungsverfahren anders gestalten. Es hat aber auch gesagt, dies führe zwangsläufig zu einem Dilemma. Es ist bemerkenswert, wie offen das Bundesverfassungsgericht dieses Dilemma anspricht. Es sagt nämlich, dass es überhaupt keine letztendlich überzeugende Lösung gibt, um die Gebühr genau so festzusetzen, dass sie die Funktionen des Rundfunks finanziell sichert.

Man kann natürlich auf die Idee kommen, die Gebührenfestsetzung den Rundfunkanstalten zu überlassen, wie das bei anderen Gebühren interessanterweise durchaus der Fall ist. Aber das führt dazu, dass der öffentlich-rechtliche Rundfunk eher das Interesse an einer großen Ausweitung in die Tat umsetzt. Das haben Institutionen so an sich, das kann man ihnen auch nicht vorwerfen.

Man kann den Staat die Gebühr festsetzen lassen. Das führt aber dazu, dass eben die Staatsferne nicht hinreichend gewährleistet ist. Wie immer man es macht, man kommt zu keinem befriedigenden Ergebnis. Es gibt noch eine dritte Lösung: Man entwickelt materielle Kriterien für die Gebührenhöhe. Das Bundesverfassungsgericht hat zu Recht gesagt, das könne man versuchen, diese Kriterien würden aber nicht genauer als diejenigen, die es schon gibt; und das seien solche Allgemeinplätze, dass man daraus keine Gebühr errechnen könne. Damit könne man nicht wie mit einer mathematischen Formel arbeiten, vor allem wenn man materiell nicht weiter kommt.

Das Geniale an dem Urteil ist – und das betone ich nachdrücklich, weil ich der Überzeugung bin, dass es zu den ganz gelungenen Urteilen des Bundesverfassungsgerichts gehört –, man muss das Problem verfahrensmäßig lösen, das heißt, Grundrechtsschutz durch Verfahren gewährleisten. Was heißt das? Man muss ein Verfahren bereitstellen, das jedenfalls die Chance in sich trägt, ein sachgerechtes und plausibles Ergebnis zu erzielen.

Das Bundesverfassungsgericht hat sich nicht damit begnügt, dies nur zu formulieren, sondern es hat das Verfahren in den Grundzügen vorgegeben. Das ist auch für die Reformdebatte nicht unwichtig, weil dies bestimmte Meilensteine sind, an denen man sich orientieren muss. Das Gericht hat ein dreistufiges Verfahren vorgegeben: Als Erstes müssen die Rundfunkanstalten ihren Finanzbedarf auf der Grundlage ihrer Programmentscheidungen berechnen und anmelden. Alle Beteiligten – ARD, ZDF, Arte und Deutschlandradio – müssen ihren Bedarf anmelden.

Auf einer zweiten Stufe kann dieser Bedarf fachgerecht durch eine unabhängige, möglichst staatsfern zusammengesetzte Kommission überprüft werden. Die KEF, die es vorher schon gab, die aber nach dem Urteil in neuer Form erscheint, ist durch dieses Urteil ungeheuer gestärkt worden. Das muss man ganz deutlich sagen. Sie ist von einer beratenden Sachverständigenkommission zu einer mitentscheidenden Sachverständigenkommission geworden. Sie muss überprüfen, ob der Finanzbedarf sich innerhalb des umgrenzten Programmauftrags bewegt, ob er richtig errechnet ist und ob er den Grundsätzen der Wirtschaftlichkeit und Sparsamkeit genügt.

Die KEF hat von diesem Überprüfungsrecht von Anfang an sehr selbstbewusst und überzeugend Gebrauch gemacht. Das werden die öffentlich-rechtlichen Rundfunkveranstalter nicht immer nur mit Freude zur Kenntnis genommen haben. Daran sieht man auch, dass die Gebührenerhöhungen nach dem Urteil nicht etwa leichter geworden sind. Sie sind aus meiner Sicht eher schwieriger geworden, weil sie sehr viel plausibler dargelegt werden müssen und weil sie in einem transparenten Verfahren nachgeprüft werden können.

Ich empfehle jedem, der sich über den Finanzbedarf und die Finanzausstattung des öffentlich-rechtlichen Rundfunks informieren will, sich die KEF-Berichte, die inzwischen über Internet verfügbar sind, anzusehen. Dort wird man sehen, wie genau diese Prüfungsaufgabe wahrgenommen wird.

An dritter Stelle stehen erst die Länder, die über die Gebührenhöhe entscheiden müssen, und zwar auf der Grundlage des Vorschlages der Sachverständigenkommission. Nun hat das Bundesverfassungsgericht etwas Sensationelles gemacht: Es hat nämlich gesagt, dass die Länder in dieser Entscheidung keineswegs frei, sondern prinzipiell an den Vorschlag der KEF gebunden sind. Es gibt nur zwei Gründe, die es den Ländern erlauben, von dem Gebührenvorschlag der KEF abzuweichen: Sozialverträglichkeit der Gebühr und Zugang der Teilnehmer zum Rundfunk. Diese Abweichungsgründe werden in der Praxis so gut wie nie eingreifen. Der Zugang der Teilnehmer zum Rundfunk durch Gebührenhöhe kann gar nicht verhindert werden, weil es das Mittel der Gebührenbefreiung gibt. Die Sozialverträglichkeit der Gebühr bei der derzeitigen Rundfunkgebührenhöhe sehe ich in keiner Weise gefährdet. Sie ist nicht an der Grenze des Sozialverträglichen.

Deshalb ist die Bindung eine sehr weit reichende. Auch einzelne Länder haben sich durchaus schwer getan, diese Bindung anzuerkennen. Man konnte dies bei der Diskussion über die letzte Gebührenerhöhung im Sächsischen Landtag deutlich beobachten. Dort gab es nämlich eine Diskussion, die teilweise erschreckend war, und zwar insoweit als Parlamentarier gefordert haben, ganz unabhängig von dem Eingreifen der Abweichungsgründe die Zustimmung zur Gebührenerhöhung zu verweigern. Dies stellt einen mangelnden Respekt vor der Bindungswirkung verfassungsgerichtlicher Entscheidungen dar und zeugt auch davon, dass man sich die Staatsfreiheit des Rundfunks nicht genügend vor Augen geführt hat. Aus meiner Sicht ist die Stärkung der

Kommission durchaus ein Vorteil, weil sie dazu dienen soll, die Gebührendiskussion aus der rein parteipolitischen Diskussion herauszunehmen und zu versachlichen.

Hinzu kommt noch, dass das jetzige Verfahren einen großen Vorteil für die Bundesrepublik Deutschland in Europa hat; denn es gibt auch eine Gebührendiskussion auf europäischer Ebene. Das hängt mit dem europäischen Beihilferecht zusammen. Je staatsferner und transparenter das Gebührenfestsetzungsverfahren ist, desto weniger ist die Gebühr europarechtlich angreifbar. Das deutsche Verfahren – dies hat selbst die EG-Kommission, die es mit Rundfunkgebühren nicht immer besonders freundlich meinte, festgestellt – ist in Europa beispielhaft für ein transparentes, nachvollziehbares und offenes Verfahren. Man sieht, warum welche Gebührenhöhe vorgeschlagen und umgesetzt wird.

Von daher sollte man sich m.E. bei der Neugestaltung der Gebühr, über die wir aus ganz anderen Gründen, nämlich wegen technischer Veränderungen diskutieren müssen, an diesen allgemeinen Vorgaben des Bundesverfassungsgerichts orientieren. Zur Neugestaltung sind etliche Vorschläge gemacht worden, und ich bin gespannt darauf, in der Podiumsdiskussion zu hören, wie die zukünftige Finanzausstattung des öffentlich-rechtlichen Rundfunks aussehen soll.

PODIUMSDISKUSSION

Kurt Beck, MdL

Ministerpräsident des Landes Rheinland-Pfalz

Jürgen Doetz

Vorsitzender des VPRT

Markus Schächter

Intendant des ZDF

Professor Peter Voß

Intendant des SWR

Moderation

Professor Dr. Dieter Dörr

Dörr:

Meine sehr verehrten Damen und Herren, das Podium ist bereits von Herrn Dekan Bock vorgestellt worden. Ich will deshalb gleich in die Diskussion einsteigen.

Herr Ministerpräsident Beck, es sind etliche Vorschläge in Arbeitsgruppen diskutiert worden, bevor der Rundfunkstaatsvertrag beim letzten Mal geändert wurde. Es gab acht oder neun Vorschläge über neue Gebührenmodelle. Es ist natürlich sehr interessant, wie jetzt der Stand der Dinge ist und Sie nicht nur als Ministerpräsident des Landes Rheinland-Pfalz, sondern auch als Vorsitzender der Rundfunkkommission der Länder sachkundig über den Stand der Diskussion Auskunft geben können. Man hört, dass sich vielleicht doch einiges auf eine Einigung zubewegen könnte.

Beck:

In der Tat, Herr Professor Dörr, meine Damen und Herren. Zunächst einmal wäre es natürlich ein großer Reiz, Herr Dekan, über die Frage „über Gebühr fernsehen" zu diskutieren. Vielleicht haben wir diese Chance auch einmal. Aber ich will mich zunächst auf die Frage der Funktionsfähigkeit des öffentlich-rechtlichen Teils im dualen System unserer Fernseh- und Rundfunklandschaft beschränken. Wir müssen wegen der Konvergenz der Medienträger, der Endgeräte, in der Tat über eine neue Organisationsform der Gebührenfindung nachdenken. Dabei habe ich von Anfang an dafür gefochten, dass wir uns so nah wie möglich am jetzigen System bewegen, einfach deshalb - da beziehe ich mich auf das, was Professor Dörr eben vorgetragen hat -, weil wir dort in weiten Bereichen ein verfassungsrechtlich abgesichertes Terrain haben. Warum sollten wir uns also auf wackelnden Boden begeben, wo es nicht aus der Sache heraus, aus der Veränderung vorgegeben wird. Ich habe eins gelernt: man sollte nie ein Auto reparieren, das nicht kaputt ist. Es wird hinterher meistens schlechter funktionieren als vorher. Also sollte man nur das modifizieren, was notwendig ist.

Es ist sicher so, dass wir mit der Möglichkeit, mittels unterschiedlicher Endgeräte auch Rundfunk- und Fernsehempfang zu haben, nicht mehr einfach Radio und Fernsehgerät als Maßstab nehmen können. Aber wir sollten da nahe dran bleiben, das heißt, dass wir auch bei unserem Maßstab bleiben sollten, dass zunächst eine Gebühr fällig ist, wenn man Hörfunk und Fernsehen empfangen kann, im Regelfall mit den klassischen Geräten. Wo nicht vorhanden, muss man davon ausgehen, dass über einen PC oder seine Nachfolgegeräte die Möglichkeit eben auch besteht, Radio und Fernsehen zu empfangen und dass dort dann eine Gebühr anfällt. Ich sage dies deshalb, weil wir am Begriff Gebühr festhalten wollen.

Es gab ja auch Überlegungen, ob wir eine allgemeine Steuer oder eine ähnliche allgemeine Abgabe erheben. Ich rate davon dringend ab und möchte bei dem Gebührenbegriff bleiben. Deshalb zögere ich schon, selbst für die Überschrift „Rundfunkgebühr" eine andere Begrifflichkeit zu suchen. Darauf kommt es letztendlich nicht an, auf den Inhalt kommt es an. Aber selbst da bin ich zögerlich, ob man dann eine Kommunikationsgebühr oder Ähnliches erheben könnte, weil das natürlich mit Missverständnissen behaftet ist. Es hat auch sehr schnell Diskussionen darüber gegeben, die PCs gebührenpflichtig zu machen. Nein, es geht darum, wer Rundfunk und Fernsehen empfangen kann, muss eben auch gebührenpflichtig bleiben. Das ist der erste Maßstab.

Der zweite ist, natürlich darauf zu achten, dass die Dinge handhabbar bleiben. Da gibt es zwei Ebenen. Einmal den privaten Haushalt. Wir sollten an der jetzigen Idee festhalten, dass pro Haushalt eine Gebühr zu entrichten ist. Wir sollten auch daran festhalten, dass im Regelfall pro Betrieb eine Gebühr zu entrichten ist und dass wir nicht zu komplizierte Vorschriften bekommen, die dann heftig bestritten werden.

Allerdings, wenn man dies formuliert, muss der nächste Maßstab herangezogen werden, die Frage nämlich, wie kommen wir denn möglichst zum gleichen Gebührenaufkommen wie jetzt. Denn durch einen Systemwechsel wollen wir weder eine Gebührenerhöhung, noch können wir ein drastisches Absinken der Einnahmen der öffentlich-rechtlichen Anstalten hinnehmen; deshalb wird man sicher die Frage der Teilnahme an den Angeboten des öffentlich-rechtlichen Rundfunks und Fernsehens nochmals intensiv diskutieren müssen.

Es muss ein weiterer Punkt hinzukommen, damit wir den Status quo, was die Größenordnungen angeht, wahren können, nämlich das Ausschöpfen von stillen Reserven, also von Leuten, die bereits jetzt an Rundfunk und Fernsehen teilnehmen, aber keine Gebühr bezahlen. Je einfacher das System wird, das wir finden, umso größer ist die Chance, diese Reserven auch auszuschöpfen und das Niveau wieder zu erreichen. Das sind eigentlich schon die Kernmaßstäbe dessen, was wir miteinander in Angriff nehmen sollten.

Wie das weitere Vorgehen ist, will ich noch mit einem Satz umschreiben: Wir haben uns im Wesentlichen auf diese Eckwerte in der Runde der Ministerpräsidenten verständigt. Wir haben dann die öffentlich-rechtlichen Rundfunkanstalten gebeten, sich aus ihrer Sicht, aus ihrer Erfahrung, aus ihrer Interessenlage diesen Themen anzunehmen. Es ist für uns natürlich auch interessant, andere Meinungen mit einzubeziehen, z. B. die der KEF, damit wir am Ende ein handhabbares Verfahren haben. Ich will es bei diesem Kernpunkt bewenden lassen. Es gibt sicherlich manche Detailfragen, die man noch betrachten und miteinander diskutieren muss.

Dörr:

Herzlichen Dank, Herr Ministerpräsident Beck.

Es fiel eben schon das Stichwort „öffentlich-rechtlicher Rundfunk", der in die Diskussion einbezogen und davon auch unmittelbar betroffen ist. Nun frage ich Sie, Herr Voß, als jemanden, der von der Grundgebühr und von der Fernsehgebühr betroffen ist, wie sehen Sie denn die Zukunft der Rundfunkgebühr? Was sehen Sie als die entscheidenden Eckpunkte an?

Voß:

Die Zukunft der Rundfunkgebühr sehe ich nach den Ausführungen von Herrn Ministerpräsidenten Beck außerordentlich optimistisch, und deshalb bin ich ihm auch dankbar. Herr Beck, Sie haben ja schon auf einer KEF-Veranstaltung in München den schönen Satz mit dem Auto geprägt („Ein Auto, das nicht kaputt ist, muss man nicht reparieren"), und den muss man unterstreichen. Wenn man glaubt, die Konvergenz erzwinge Veränderung, dann muss man sich auch das Thema Konvergenz noch mal anschauen. Das geht wesentlich langsamer, als viele prophezeit haben. Aus unserer Sicht braucht man nicht zu hetzen, allerdings - und deshalb haben wir uns auf die Thematik eingelassen - kann man das Thema auch nicht einfach liegen lassen. Ich will aber noch einmal betonen, dass niemand in der ARD und dem ZDF die Idee gehabt hätte, wir sollten Handys oder PC-Arbeitsplätze gebührenpflichtig machen. Insofern ist dieser Verdacht, den es gab und der durch das Moratorium ausgeräumt wurde, nicht existent. Es hätte auch noch so bleiben können.

Auf der anderen Seite ist es auch nicht schlecht, wenn man ein System noch etwas vereinfacht, vielleicht noch etwas gerechter und damit auch für die Bürger transparenter und plausibler macht. Richtig sind die Grundsätze, die Ministerpräsident Beck betont hat: Das Verfassungsrecht darf nicht ausgehebelt werden. Wir brauchen auch künftig eine unabhängige Kommission, die KEF, die die Vorschläge macht und die in diesem Fall die gebotene Staatsferne garantiert. Richtig ist es auch, das System, wenn es denn geht, noch zu vereinfachen. Richtig ist, dass eine solche Veränderung aufkommensneutral sein muss. Weder dürfen wir dabei einen Reibach machen noch erheblich benachteiligt werden, sonst müsste es kompensiert werden. Das sind sozusagen die Eckdaten.

Aus Sicht der ARD ist es allerdings auch noch wesentlich, dass es bei einer Trennung der Grundgebühr für die Menschen, die nur Hörfunk empfangen, und der Gesamtgebühr, für die, die Hörfunk und Fernsehen empfangen, bleibt; denn es wäre eine nachträglich in das System eingezogene Ungerechtigkeit, wenn man die halbe Million Haushalte, in denen die Menschen ganz bewusst nur Radio hören, jetzt plötzlich auf eine Gebührenhöhe anheben würde, die einfach nicht fair wäre und wahrscheinlich auch ein großes rechtliches Problem aufwerfen würde.

Vielleicht noch einen Satz zu ihren Anfangsbemerkungen, Herr Dörr. Warum hat das System bisher so gut funktioniert? Wie Sie sagen, sind Gebührenanpassungen eher schwieriger geworden. Man hat oft den Eindruck zu erwecken versucht, die öffentlich-rechtlichen Anstalten melden irgendetwas an, und die KEF prüft, und wenn es denn Rundfunk ist, dann muss sie es genehmigen und die Gebühr geht hoch. So einfach ist das Verfahren nicht. Die KEF ist unabhängig, aber sie lebt nicht auf einer Wolke. Sie hat eine Reihe von Stellschrauben mit einem großen Ermessensspielraum; denn sie prüft zwar unsere Anmeldungen, aber gleichzeitig prüft sie nicht nur, wie wirtschaftlich wir die Programme herstellen, sondern auch, in welchem Maße wir Produktivitätssteigerung und Rationalisierungseffekte realisieren. Dort ist ein weites Feld für Ermessen, das kann man auch nicht so präzise ermitteln. Man kann sich natürlich an allgemeinen Daten aus der Wirtschaft orientieren, so dass wir im Ergebnis - jedenfalls seit fünf bis sechs Jahren - eine medienspezifische Teuerungsrate von 5,5 Prozent haben und die ARD jährlich zwischen 2,3 und 2,5 Prozent bekommt, d.h. wir haben einen Kaufkraftverlust von 2,5 bis 3 Prozent pro Jahr. Wenn Sie das auf zehn Jahre umrechnen, sind das 30 Prozent. Nun kann man sagen, wir sind selbst als Urheber an der Teuerungsrate beteiligt, etwa durch die starke Nachfrage nach Sportrechten und Filmen; das ist richtig. Aber wir sind nicht die alleinigen und nicht die Hauptnachfrager. Gerade die jüngsten Vorgänge um die Insolvenz von Kirch lassen die Überlegung, es wäre doch viel besser, wenn nur die privaten Konzerne die Sportrechte bekommen und vermarkten würden, noch einmal in einem neuen Licht erscheinen.

Es wird auch oft darüber diskutiert, ob die Gebühreneinzugszentrale das richtige Instrument ist. Es kann immer alles noch besser werden, aber die GEZ arbeitet außerordentlich wirtschaftlich. Sie erhält zwei Prozent der Erträge. Zum Vergleich: Die Finanzämter, die zur Einkommenssteuer zusätzlich die Kirchensteuer einziehen, erhalten vom Kirchensteueraufkommen 3,5 Prozent. Man muss also erst schauen, ob andere Instrumente zweckmäßig und wirtschaftlicher wären.

Vielleicht ende ich hier einmal. Ich komme sowieso nicht richtig in Form, bevor nicht Herr Doetz gesprochen hat. Er wird uns, wie ich zuversichtlich hoffe, mit der Expansionsthese konfrontieren. Es wäre eine Enttäuschung nach so vielen Podien, auf denen wir zusammen gesessen haben, wenn er das nicht täte.

Dörr:

Bevor ich zu Herrn Doetz überleite wollte ich aber Herrn Schächter Gelegenheit geben, als zweitem Vertreter eines unmittelbar betroffenen Bereiches, nämlich des ZDF, seine Sicht der Dinge darzustellen. Aber dann werde ich sofort Ihre Anregung aufgreifen und Herrn Doetz das Wort geben.

Schächter:

Vielen Dank. Ich denke, dass Herr Voß schon das Grundsätzliche gesagt hat, wenngleich ich an einer Stelle eine etwas abweichende Meinung, zumindest für die längere Frist, für den long run, einzubringen habe. Zunächst aber möchte ich in den Chor derer einstimmen, die das hohe Lied auf die KEF gesungen haben. Wenn es die KEF nicht gäbe, sie müsste erfunden werden, erst recht vor der komplizierten Situation, die das Moratorium der Ministerpräsidenten zum 31. Dezember 2004 geschaffen hat. Was steckt hinter der Diskussion um Rechner und Handy? Es sind, mehr oder weniger deutlich gesagt, vier Vorgaben:

1. Schaffe ein System, in dem die Konvergenz gelöst ist, in der zukünftige Handyapplikationen in die Überlegungen einbezogen sind.

2. Schaffe es so, dass der Industriestandort Deutschland durch die Berücksichtigung auch der Rechner nicht in Mitleidenschaft gerät, dass wir also keine industriefeindliche Zukunftspolitik machen.
3. Schaffe es so, dass es einkommensneutral ist.
4. Schaffe es so, dass ARD und ZDF mit einer gemeinsamen Zunge sprechen und „ja" sagen.

Das sind die Vorgaben, die in das Moratorium für die neue Gebührenordnung eingebracht worden sind und deren Lösungen – wie ich glaube – in der Zwischenzeit gut umgesetzt werden, aber nur so, wie es bei der operativen Gestaltung durch die KEF möglich sein wird.

Es gibt an einer Stelle einen leichten Dissens zwischen dem, was Herr Voß gesagt hat, und dem, was die Vorstellung des ZDF ist. Wir glauben, dass gerade vor dem Hintergrund der Konvergenz, also der Entwicklung ganz neuer Generationen von Empfangsgeräten, die klassische, aus den 50er Jahren stammende Unterscheidung zwischen Rundfunk und Fernsehen auf Dauer nicht tragbar ist. Für uns ist im Moment, das heißt: für die Frist bis zum 1. Januar 2005 nachvollziehbar, dass die 2,5 Millionen Haushalte, die nur Hörfunk haben, nicht die volle Fernsehgebühr, die Einheitsgebühr zahlen müssen.

Das ist inkommensurabel, aber auf Dauer wird eine zukunftsfähige Lösung, in der die Konvergenz berücksichtigt ist, nicht mehr mit dieser Unterscheidung machbar sein. Deshalb wird es notwendig sein, in alle Lösungen, die wir jetzt miteinander gefunden haben, legislatorisch eine Perspektive einzubauen, in der Rundfunk- und Fernsehgebühr durch eine Definition neuer Empfangsgeräte aufgelöst bzw. eingebunden werden.

Dörr:

Vielen Dank, Herr Schächter. Nun sind wir alle gespannt, Herr Doetz, ob Sie dem zustimmen oder nicht vielleicht einige kritische Anmerkungen dazu machen, wobei ich weiß, dass Sie die Gebühr als solche mit Sicherheit nicht in Frage stellen werden.

Doetz:

Offensichtlich bin ich als Unterhaltungsfaktor vorgesehen. Deswegen fange ich zur Enttäuschung von Herrn Voß einmal ganz staatstragend an. Die Gebühren werden nicht in Frage gestellt. Bei dem Vorgang in Sachsen, den Herrn Dörr angesprochen hat, hat die dortige CDU-Landtagsfraktion uns mehrmals aufgefordert, ihr doch argumentativ gegen die Gebührenerhöhung zur Seite zu stehen. Wir haben dies nicht nur abgelehnt, sondern auch versucht, Einfluss zu nehmen, dass das Verfahren zur Ratifizierung des Rundfunkstaatsvertrages nicht aufgehalten wird. Das sind keine Podiumsbeschwörungen, das machen wir auch in der Praxis, und zwar aus der schlichten Erkenntnis, wer Programmvielfalt bejaht, wer sie für diese Gesellschaft, für dieses Land will, muss ja sagen zu einem öffentlich-rechtlichen Rundfunk. Denn wer besser als der Vertreter eines privaten Bereichs weiß, dass privater kommerzieller Rundfunk nicht das leisten kann an Kommunikation, Berichterstattung und Programm, was für die Gesellschaft notwendig und hilfreich ist; deswegen ein ganz klares und uneingeschränktes Ja.

Bei den acht Modellen, die zur Diskussion standen, ist das, welches Ministerpräsident Beck vorgeschlagen hat, dasjenige, das auch die größte Rechtssicherheit bietet, weil es letztendlich nur eine Anpassung an den status quo ist und weil kein Mensch sich der technologischen Entwicklung entgegenstellen kann. Wenn die UMTS-Frequenzen da sind, wird auch dort Fernsehen möglich sein. Es hat Gründe, dass t-online jetzt schon in dem Bieter-Konsortium für die Fußballbundesliga in der nächsten Saison mit dabei ist. Man sieht also, was auf uns zukommt und dass dem Rechnung getragen werden muss. Selbstverständlich gibt es andere Modelle; Geräteabgabe oder was sonst alles in der Diskussion war, wäre sicher rechtlich umstritten gewesen. Von daher ist man hier auf der sicheren Seite und sollte m.E. diese Diskussion auch damit abschließen können.

Es ist natürlich deutlich geworden - gerade in dem, was sowohl Herr Voß als auch Herr Schächter in ihren letzten Sätzen sagten - dass dies nur eine Seite der Gebührendiskussion ist. Herr Voß, es freut mich, dass Sie in Ihre Argumentation jetzt auch die Entwicklung bei KirchMedia aufgenommen haben als Beweis für die Notwendigkeit, dass Fußball zum öffentlich-rechtlichen Rundfunk gehört. Lassen Sie sich gesagt sein, hier gibt es ein Problem eines Handlers. Wir als Sender – ich habe ja auch noch einen Job, in dem ich Geld verdiene, Pro 7, Sat 1, Kabel 1, N 24 – haben unsere Rechnungen genau so pünktlich bezahlt wie Sie. Die Legitimation, aus dieser Krisensituation heraus neue Forderungen zu stellen, stelle ich zunächst einmal in Frage. Wenn Markus Schächter hier von einer neuen Definition spricht, dann rieche ich natürlich, dass der neuen Definition auch die entsprechenden Tätigkeiten folgen werden. Wenn er sagt, Rundfunk ist es nicht mehr, sondern wir müssen das, wofür wir Gebühren zahlen, neu definieren, wird danach natürlich der Auftrag entsprechend dieser Definition kommen. Wir werden uns aus dem Funktionsauftrag der öffentlich-rechtlichen Anstalten definieren. Und hier ist genau die Crux.

Die viel gelobte KEF hat auch in ihrem letzten Bericht deutlich gemacht, dass es Probleme gibt. Angesprochen wurde z.B. der Online-Bereich. Bezüglich der Gebührendiskussion muss das Verfahren nachvollziehbar und transparent sein. Im Mittelpunkt der Diskussion steht aber die Frage, wie viel Gebühren zahlen wir für wie viel Rundfunk oder wie viel Aktivitäten der öffentlich-rechtlichen Anstalten. Hier gibt es durchaus Leute, die nehmen das Subsidiaritätsprinzip, übertragen es auf das Rundfunksystem und erklären, all das, was die Privaten nicht leisten können, ist Aufgabe des öffentlich-rechtlichen Rundfunks. So einfach mache ich es mir nicht, obwohl mir das sehr sympathisch ist. Aber ich weiß, dass der öffentlich-rechtliche Rundfunk auch Akzeptanz braucht, denn ohne diese ist die Akzeptanz der Gebührenfinanzierung sicher schwerer. Hier ist die Politik m.E. schon in dieser Grauzone gefragt, die auch deutlich wurde bei dem, was Sie, Herr Dörr, sagten.

Die Freiheit bezieht sich mit Sicherheit auf die Inhalte, das ist unbestritten. Ob diese Rundfunkfreiheit auch bedeutet, dass Herr Voß selbst bestimmt, wie viele Kanäle er veranstaltet, wage ich erheblich in Frage zu stellen. Ob es auch die Freiheit eines öffentlich-rechtlichen Senders bedeutet, e-commerce im online anzubieten, wage ich erheblich zu bezweifeln. Ich bringe in den nächsten Tagen eine Rechtsaufsichtsbeschwerde an die nordrhein-westfälische Landesregierung in Gange, weil der WDR im Online-Bereich e-commerce betreibt, dass es Ihnen die Schuhe auszieht. Wenn Sie eine neue Pfeffermühle brauchen, dann gehen Sie bitte beim WDR online. Sie finden da die Angebote, das hat nichts mehr mit Merchandising zu tun. Auch das Trüffel-Öl, das Sie beim WDR kaufen können, ist offensichtlich höchst zu empfehlen. Dies klingt jetzt etwas zugespitzt, aber erstens ist es tatsächlich so, zweitens kommen wir damit zu der ganz praktischen Frage: Wer definiert letztendlich, was passiert?

Es ist auch im Interesse des öffentlich-rechtlichen Rundfunks und seiner Akzeptanz, deutlich zu machen, dass er etwas anderes ist als die Kommerziellen, darum die Legitimation der Gebührenfinanzierung. Niemand würde die Gebühr in Frage stellen, wenn die öffentlich-rechtlichen Sender nicht selbst immer wieder kommerziell tätig würden.

Herr Voß ist jetzt ganz zufrieden, dass ich ihm genug Vorlagen gegeben habe; deshalb eine letzte Anmerkung: Die europarechtliche Frage darf man nicht aus den Augen verlieren. Es ist derzeit ein Streit im Gange, ob die Gebühr in Deutschland trotz aller Transparenz Beihilfe nach europäischem Recht ist. Im letzten Jahr gab es eine Erklärung der EU-Kommission, dass es so sei. Mittlerweile rückt die Kommission wieder etwas ab. Im Moment freut sich Professor Eberle mehr über diesen Standpunkt. Ich weiß, dass ein neues Urteil erwartet wird, das uns mehr Recht gibt. Es ließe sich vermuten, dass Sie etwas zu verbergen haben, wenn Sie gegen Transparenz sind. Aber das hieße eben auch die konsequente Nutzung der Gebühren für das, was von der Politik als Auftrag vorgegeben wird, und die Verhinderung der Quersubventionierung mit Gebühren. Hier haben wir mit Sicherheit eine Grauzone, die wir diskutieren, seit es das duale System gibt. Es gibt noch keine Lösung. Ich befürchte, wir finden sie heute auch nicht. Aber hier ist die Politik der Ansprechpartner, der gefragt ist.

Dörr:

Ganz herzlichen Dank. Für mich schließen sich an Ihre Ausführungen zwei Fragen an, die wir auch noch einmal kurz beleuchten sollten. Erste Frage: Wäre es dann nicht sachgerecht, den öffentlich-rechtlichen Rundfunk nur über Gebühren zu finanzieren? Zweite Frage: Muss man - was Herr Doetz anregt und was auch seitens der EU-Kommission immer wieder angesprochen wird - bei der Beihilfendiskussion den Funktionsbereich des öffentlich-rechtlichen

Rundfunks genauer beschreiben oder darf man das gerade nicht bei unserer verfassungsrechtlichen Vorgabe.

Das sind zwei ganz zentrale Fragen, die immer wieder diskutiert werden. Auf den ersten Blick scheint das doch, Herr Ministerpräsident Beck, ganz folgerichtig. Auch die Kommission lässt dafür Sympathie erkennen: Öffentlich-rechtlicher Rundfunk nur aus Gebühr und genauere Beschreibung des Funktionsbereichs.

Beck:

Wir sind dabei, den Funktionsauftrag zu beschreiben. Es gab die Einschätzung, dass dieser Auftrag, diese Bitte der Ministerpräsidentenkonferenz an die öffentlich-rechtlichen Sender, eigentlich entbehrlich wäre nach der Rechtseinschätzung, die die Kommission derzeit vertritt. Dennoch haben wir gebeten, es zu tun, um auf der sicheren Seite zu sein. Nach der Argumentation, die Herr Doetz wieder in Erinnerung gerufen hat, glaube ich, dass es gut ist, diese Definition weiter zu suchen. Dabei kommt es darauf an, dass wir uns nicht auf eine statische Definition einlassen, sondern dass eine Entwicklungsgarantie damit verbunden ist, also ein Teil dieser Definition ist. Das ist einfacher gefordert als getan. Dennoch sollte man diesen Versuch unternehmen, um auch gegenüber Brüssel zu signalisieren: Ihr seht, wir wollen, auch was Eure Betrachtungsweise angeht, auf der sicheren Seite sein.

Wenn Sie mir eine Randbemerkung zur Frage der Online-Aktivitäten erlauben: Derzeitiger Stand ist, dass Online-Aktivitäten möglich sein sollen, dass sie aber nicht durch Werbung finanziert werden dürfen. Das heißt natürlich schlussfolgernd, dass sie einen bestimmten Rahmen nicht überschreiten dürfen. Das war der Wille der Mehrheit in der Ministerpräsidentenkonferenz. Ich sage ganz offen, ich wäre ein Stück weitergegangen vor dem Hintergrund der Entwicklungsgarantie, die ich mit dieser Frage eng verknüpft sehe. Aber man muss ja immer Kompromisse unter 16 Ländern schließen. Und nachdem ich in dieser Frage, damals noch in der Bonner Vertretung des Landes Rheinland-Pfalz, ca. 20 mal zwischen den Gruppierungen die Treppe rauf und runter gependelt bin, war ich zufrieden, dass wir den Kompromiss finden konnten.

Ich glaube, dass man die technischen Entwicklungen und auch die Konvergenzen, die sich ergeben, sehen muss, Stichwort: Rückkanalfähigkeit etc. Aber wir haben derzeit eine klare Aussage hinsichtlich der Frage der Werbung, die auch gelten muss. Da bin ich, Herr Doetz, auf Ihrer Seite. Man kann nicht Aussagen machen und sie dann umschiffen. Dann muss man dies eben auch in angemessener Form und in Gesamtwürdigung der Anmeldungen der Sender auf die Rechnung setzen.

Nun zur Frage der reinen Gebührenfinanzierung oder der Mitfinanzierung durch Werbung: Praktisch kann man diesen Streit von der Wirklichkeit ablösen und ihn dann theoretisch führen. Ich sehe nicht, wo der Gebührenanteil herkommen sollte, den wir bräuchten, um den finanziellen Ausfall bei den öffentlich-rechtlichen Sendern auszugleichen. Wer Werbefreiheit sagt, wird dann logischerweise auch die Freiheit von Sponsoring einfordern müssen, weil das eine ohne das andere nicht geht. Man wird beides einbeziehen müssen, und dann sind die Summen noch größer. Insoweit weiß ich überhaupt nicht, wie das ausgleichbar sein sollte. Ich sehe das ganz pragmatisch, und da hilft uns keine theoretische Überhöhung. Ich will allerdings einen Punkt hinzufügen: Ich sage Ihnen offen, ich bin nicht so unglücklich darüber, dass man sich in den öffentlich-rechtlichen Anstalten auch am Markt bewegen muss. Das kann in vielerlei Hinsicht recht heilsame Erfahrungen mit sich bringen.

DAS 3. MAINZER MEDIENGESPRÄCH IM BILD

Das Atrium maximum der Johannes Gutenberg-Universität

Das Podium: Schächter, Beck, Dörr, Voß, Doetz (v.l.n.r.)

ZDF-Justiziar Professor Dr. Carl-Eugen Eberle im Gespräch mit Universitätspräsident Professor Dr. Jörg Michaelis

Rechtsreferendar Christopher Wolf vor SWR-Kameras

Der Dekan bei der Begrüßung

ZDF-Intendant Schächter

VPRT-Präsident Doetz

Moderator Dörr mit einer Frage an Ministerpräsident Beck

SWR-Intendant Voß und VPRT-Präsident Doetz

Der Dekan des Fachbereichs und der Direktor des Mainzer Medieninstituts

Das Publikum während der Diskussion um die Rundfunkgebühr

Der Ministerpräsident im Fernsehinterview

Leiterin des Instituts für Demoskopie
Allensbach
Professor Dr. Dr. h.c. Elisabeth Noelle

WDR-Justiziarin
Eva-Maria Michel

Schächter und Beck auf dem Podium

Im Auditorium: SWR-Justiziar Dr. Hermann Eicher
(Vorstandsmitglied des Mainzer Medieninstituts, 2.v.r.)

Voß stellt sich den Fragen der Journalisten

ZDF-Justiziar Professor Dr. Carl-Eugen Eberle

Was die Landtage angeht, nur eine Anmerkung: Wir haben in dieser Frage zwischenzeitlich gehandelt. Wir haben im Einvernehmen mit den Intendanten in den Staatsvertrag geschrieben, dass die Landtage ein Informationsrecht über die medialen Entwicklungen neben der reinen Entscheidung über die Gebührenfrage haben. Das war die Voraussetzung dafür, dass man in Sachsen und Thüringen dann letztendlich bei allen Anstrengungen, die notwendig waren, zugestimmt hat. Inzwischen ist das geltendes Recht.

Doetz:

Ich stimme Herrn Ministerpräsidenten Beck zu, dass es in nächster Zeit keine Veränderungen geben wird, weil die Freunde der Werbefreiheit des öffentlich-rechtlichen Rundfunks und die Freunde der Werbeausdehnung des öffentlich-rechtlichen Rundfunks sich auf absehbare Zeit nicht verständigen werden. Damit wird der status quo zementiert. Das heißt aber nicht, dass man nicht trotzdem etwas dazu sagen kann. Es wäre zu billig, wenn ich sagen würde, natürlich sei ich für die Werbefreiheit des öffentlich-rechtlichen Rundfunks und schielte dabei auf die paar 100 Millionen Euro. Die Flaute am Markt muss ja nicht anhalten, und dann ist dies m.E. nicht das entscheidende Thema.

Wir haben am Anfang über Programmvielfalt geredet. Natürlich bedeutet Werbung im öffentlich-rechtlichen Rundfunk auch Kommerzialisierung des Programms. Nicht ohne Grund heißt das entsprechende Programm Werbeumfeldprogramm. Wenn Sie sich diese Werbeumfeldprogramme anschauen, dann sehen Sie den Begriff der Programmvielfalt im Vergleich zu den privaten Angeboten an dieser Stelle nicht sehr ausgeprägt. Seifenoper ist letztendlich Seifenoper. Ich frage mich immer, ob sich der öffentlich-rechtliche Rundfunk wirklich einen Gefallen tut, wenn er durch diese Programmkommerzialisierung mir als privatem Vertreter die Möglichkeit gibt, davon zu reden, dass Programme sich immer ähnlicher werden. Wäre der öffentlich-rechtliche Rundfunk nicht besser beraten, wenn er diese Angriffsfläche selbst ausräumt?

Ich bin sicher, die KEF würde es locker ausgleichen, wenn die Politik zu dem Ergebnis käme, Werbung fände nicht mehr statt. Die Argumentation, wir sind Teil der Gesellschaft, und die Kinder müssen Werbung sehen, ist nicht schlüssig. Werbung bekommen sie auch bei uns genug. Da brauchen sie nicht noch Herrn Voß, dass sie ein Stück davon abkommen. Ich hätte nichts dagegen, wenn dies über Gebühren ausgeglichen würde. Ich sehe dadurch auch nicht die Sozialverträglichkeit der Gebühr beschädigt, denn ich bin mir sicher, wenn ich jetzt fragen würde, wie hoch die Rundfunkgebühr ist, dass die Mehrheit dies nicht wüsste. Ob das dann ein oder zwei Euro mehr wären, würde nicht in Frage gestellt. Warum immer wieder dieses Festhalten an der Kommerzialisierung des öffentlich-rechtlichen Systems?

Schächter:

Darf ich antworten? Denn ich kenne Jürgen Doetz so lange, dass ich weiß, dass es gefährlich wird, wenn er sich zum Advokaten des jeweils Anderen macht. In diesen Vorschlägen, in denen viel Berechtigtes steckt – hört auf zu machen, was euch eigentlich zusteht, nämlich Werbung zwischen 18 und 20 Uhr –, liegt aus meiner Sicht eine große Gefahr. Davon abgesehen, Jürgen Doetz: Bei einer Gebühr von 16,30 Euro, sind zwei Euro eine ganze Menge. Sie liegen jenseits der Grenze dessen, was insgesamt in die Sozialverträglichkeitsdiskussion und -argumentation eingebracht werden kann. Werbung und die damit verbundene Notwendigkeit einer partiellen Nähe zum Markt macht uns – um ein Bild des Sports zu gebrauchen – muskulöser. Wir haben vielleicht zu lange eine innere, redaktionelle Diskussion geführt über das, was Zuschauer sehen sollen, weil Redakteure wollen, dass sie es sehen sollen.

Eine Öffnung zum Markt, die vom Bundesverfassungsgericht als subsidiäre Unterstützung der Grundgebühr und Fernsehgebühr definiert wurde, führte mich als Programmplaner in den 90er Jahren zu einer wichtigen Neubesinnung auf das, was wir zu unserem Verständnis der Zuschauer und zum Verständnis unseres Programms unter den Zuschauern brauchten, nicht wegen der zwei Stunden Sendung zwischen 18 und 20 Uhr, nicht wegen der Serien, sondern wegen der Diskussion über das, was zuschauernah und gleichzeitig Auftrag der Öffentlich-Rechtlichen ist. Diese Herausforderung war für uns nicht nur eine wichtige praktische, sondern auch theoretische, definitorische Annäherung an unseren eigenen Auftrag, an den – wenn Sie so wollen – eben diskutierten dynamischen Funktionsauftrag.

Es gibt einen weiteren Grund für Werbung bzw. Sponsoring im öffentlich-rechtlichen Fernsehen, wenn wir uns betrachten, was durch die Kommerzialisierung des Sports im Moment passiert, nämlich die Aufteilung auf so viele unterschiedliche Verwertungsketten, damit jeder Pfennig aus den Sportrechten herausgepresst werden kann. Wenn wir in Zukunft kein Sponsoring im Rahmen von Sportsendungen mehr machen könnten, bekämen wir keine Sportverträge mehr in größerem Umfang: Die Sportvertreter haben die Rechte inzwischen so junktimiert, dass sie nicht nur Sportrechte abgeben wollen, sondern eine Verbindung zwischen der juristischen Vergabe dieser Rechte und einer neuen zusätzlichen Vermarktung ihres Sports auf dem Fernsehschirm. In Zukunft mit solchen Möglichkeiten des Sponsorings im Bereich des Sports zu arbeiten, ist Gegenstand einer ausführlichen Darstellung von ARD, ZDF und der KEF, die demnächst den Ministerpräsidenten überreicht wird. Dort wird noch einmal sehr subtil und – wie ich meine – auch im Detail genau nachprüfbar und deshalb transparent aufgezeigt, dass ein Wegfall des Sponsorings eine erhebliche Reduktion der Wettbewerbsfähigkeit des öffentlich-rechtlichen Fernsehens darstellen würde.

Dörr:

Ganz herzlichen Dank. Herr Voß, Sie wollten zu diesem Punkt noch einmal Stellung nehmen.

Voß:

Wir sind nicht so weit auseinander; Herr Beck hat es schon angesprochen: Ein bisschen Werbung bringt marktwirtschaftliche Bodenhaftung. Ein bisschen davon bringt den Journalisten dazu, sich auch in der marktwirtschaftlichen Wirklichkeit realistischer zu bewegen, als wenn er glaubt, das Geld komme aus der Steckdose. Herr Doetz, ich bin völlig Ihrer Meinung: Wir werden weder eine Ausweitung noch einen Abbau der Werbemöglichkeiten bekommen. Vor vielen Jahren, als das Thema aktuell war, haben sowohl das ZDF als auch die ARD angeregt, man solle doch die 20 Uhr-Grenze öffnen, allerdings volumensneutral, also nicht mehr als 20 Minuten pro Tag mit Ausnahme des Sonntags. Auch das werden Sie in den letzten Jahren kaum noch laut vernommen haben. Es wäre im Augenblick nicht nur aussichtslos, sondern auch nicht in Ordnung, weil wir wissen, in welcher Situation sowohl die Zeitungen als auch die Privatsender sind. Aufgrund der Entwicklung auf dem Werbemarkt wäre es völlig unsinnig, jetzt überhaupt mit diesem Gedanken zu spielen.

Wir waren auch eher in der Defensive – Markus Schächter hat es angesprochen – Sponsoring ist einfach erforderlich, wenn man überhaupt noch bei Sportrechten, jedenfalls in massenattraktiven Sportarten, mitbieten will. Wir haben uns vielleicht missverstanden. Sie haben noch einmal unterschieden zwischen dem Sender und KirchMedia. Es kann keine Rede davon sein, dass wir der Auffassung sind, alle attraktiven Sportarten sollten bei den öffentlich-rechtlichen Anstalten laufen. Die Formel 1 haben wir sowieso nicht, die Tour de France hat zunächst die ARD alleine gekauft, als sie unattraktiv war. Dann kamen plötzlich deutsche Sportler nach vorne, die die Sportart attraktiv gemacht haben; da haben wir Glück gehabt. Beim Fußball sind wir nicht der Meinung, dass wir alles kaufen können und wollen und wollen sollten. Sie werden in Erinnerung haben, als die Insolvenz beantragt wurde, gab es eine große, nicht von uns losgetretene Diskussion, wohin denn die Bundesliga gehen soll: am besten wieder zu den Öffentlich-Rechtlichen.

Ich habe zu denen gehört – wir haben da durchaus mit unterschiedlichen Nuancen gesprochen –, die gesagt haben, ich könne mir das überhaupt nicht vorstellen, dass wir Bundesligaübertragungsrechte kaufen. Unser Thema waren die beiden Weltmeisterschaften 2002 und 2006. Klar, wenn diese im Jahr 2006 nicht zu den Öffentlich-Rechtlichen kämen, dann könnten wir wieder über die Bundesliga nachdenken, aber ganz bestimmt nicht über alles gleichzeitig. Das wäre auch nicht gut. Unsere Position muss sein: Wir können uns nicht völlig aus massenattraktiven Sportangeboten heraus halten, weil wir dann bei vielen Menschen die Gebührenakzeptanz verlieren; das ist der wichtigste Punkt. Dass dies stimmt, haben Sie übrigens fairerweise nicht bestritten.

Das führt mich auch noch einmal zu der Auftragsdefinition und zu der Frage, was Brüssel erwartet. Der Ministerpräsident hat zu Recht betont, dass Brüssel im Augenblick in dieser Frage überhaupt nicht offensiv ist. In meiner Zeit als

ARD-Vorsitzender war ich sehr häufig dort. Man hält unser Finanzierungssystem für völlig in Ordnung, einschließlich des Werbeanteils. Es wird auch in der Kommission immer wieder gesagt: Ihr seid gar nicht das Problem, es sind andere Länder. Trotzdem kann man das machen, wenn die Entwicklungsgarantie nicht ausgeschlossen wird, d.h. wenn man nicht für alle Zeiten inhaltlich festschreibt, was öffentlich-rechtlicher Rundfunk ist und was nicht und wenn es nicht in einem falschen Sinne komplementär verstanden wird.

Damit schließe ich an das Sportthema an: Nämlich an die These, die Öffentlich-Rechtlichen dürften nur das machen, was sich für einen privaten, kommerziellen Sender nicht rechnet. Weil das aber die Gebührenakzeptanz gefährden würde, wird es ja nicht ernsthaft verlangt. Es steht unendlich viel in Staatsverträgen und in Programmrichtlinien, und wir entscheiden auch als Intendanten nicht allein, welche neuen Programme wir machen. Wir haben Gremien, in denen die Politik stark vertreten ist, nicht nur beim ZDF, wie wir vor einiger Zeit erfahren haben, sondern auch bei der ARD. Wir können bei der KEF kein Projekt anmelden ohne Zustimmung unserer Gremien, der Verwaltungsräte und der Rundfunkräte. Es ist einfach nicht richtig, so zu tun, als ob dort nicht sehr kritisch diskutiert würde. Und: Was haben wir denn im Fernsehen neu gemacht? Ich bin vor neun Jahren Intendant geworden. Wir haben heute bundesweit zwei Kanäle zusätzlich – das sind der Kinderkanal und Phoenix –, und wir haben einen aufgegeben, nämlich Eins Plus. Dann hat der Bayerische Rundfunk noch Alpha. Beim Hörfunk haben wir etwas mehr expandiert, aber bei weitem nicht so stark wie die Privaten. Es gibt 175 Privatwellen und etwa 60 öffentlich-rechtliche.

Da ist schon wichtig: Wenn dieser Funktionsauftrag so beschrieben wird, dass Außenstehende, also politische Regelungsinstanzen, letztlich per Gebot und Verbot entscheiden, dann wäre das kontraproduktiv, wird auch nicht gewollt.

Dass unsere Bäume nicht in den Himmel wachsen dürfen, ist richtig und wichtig und überhaupt kein Widerspruch dazu. Aber die bestehenden Möglichkeiten reichen aus, d.h. es wäre wahrscheinlich sinnvoll, Herr Ministerpräsident, wenn man zwischen den Anstalten das, was in allen Richtlinien und Staatsverträgen steht, einmal systematisch zusammenfassen und nochmals nachschauen würde, wie denn diese Selbstkontrollmechanismen tatsächlich funktionieren. Bei jeder fairen Untersuchung wird herauskommen, dass es eben keine unkontrollierte Expansion gegeben hat und gibt.

Beck:

Wir sind inzwischen über den Punkt hinaus, dass Gebührenfinanzierung notwendig ist. Deshalb kommt es in der Tat darauf an, die Frage abzuklopfen, wie weit denn der Funktionsauftrag geht, wo die Grenzen sind, die in Selbstbescheidung liegen, sowohl diejenigen, die durch finanzielle Möglichkeiten gezogen werden, als auch die, die möglicherweise darüber hinaus gelten, dadurch dass man ein Moratorium schafft, was zusätzliche Aufgabenübernahmen der Öffentlich-Rechtlichen angeht.

Aber ich will die andere Seite noch einmal einen Moment beleuchten, und zwar an dem Beispiel des Digitalempfangs im Bereich der jetzt laufenden Fußballweltmeisterschaft. Ich will nicht bejammern, dass einige Leute bestimmte Fußballspiele nicht sehen können. Sie könnten sicher ausweichen, wenn man wirklich will, findet man einen Weg. Die Frage ist aber: Wie weit geht die Aufgabe der öffentlich-rechtlichen Anstalten, bestimmte technische Entwicklungen mit zu tragen. Nach meiner Überzeugung liegt es in hohem Maße im industriepolitischen Interesse der Bundesrepublik Deutschland, den Pfad stringent hin zur Digitalisierung zu gehen. Meine Hoffnung ist es, dass die Zahlen, die ins Auge gefasst wurden, 2010 eher unter- als überschritten werden, zumindest was noch die teilweise Anwendung analoger Empfangsmöglichkeiten angeht. Wir brauchen solche Impulse, um industriepolitisch nach vorne zu kommen, um insgesamt an der technologischen Entwicklung teilhaben zu können und um auch Klarheit darüber zu haben, zu welchem Zeitpunkt das gilt.

Es kann ein enteignungsgleicher Tatbestand sein, wenn das Analoggerät nachgerüstet werden muss, damit man weiterhin fernsehen kann. Hier brauchen wir verlässliche Träger dieser Entwicklungen. Wenn wir zulassen, dass diejenigen, die eher zur Avantgarde der technischen Entwicklung gehören, durch zu komplexe Ausprägungen der Rechtevergaben ausgeblendet werden, dann setzen wir kontraproduktive Signale. Das geht weit über das Sportinteresse oder das Interesse der Aufteilung des Marktes zwischen privaten und öffentlich-rechtlichen Anbietern hinaus. Dies ist eine elementare Frage, die uns wirtschaftspolitisch, industriepolitisch und technologiepolitisch zu interessieren hat. Solche Fragen möchte ich gerne in diese Funktionsdiskussion mit einbeziehen. Ich bin auch damit einverstanden, wenn wir verlässliche Absprachen und Grundübereinkünfte haben. Ich will nur, dass wir uns nicht selbst die jungen Triebe abschneiden und damit stagnieren.

Dörr:

Herzlichen Dank. Bevor ich dazu eine weitere Frage stelle, wollte ich Ihnen, Herr Doetz, noch mal das Wort geben.

Doetz:

Zwei kurze Anmerkungen, obwohl das, was Herr Ministerpräsident Beck angesprochen hat, natürlich weiterführt. Im Bereich des Hessischen Rundfunks sind die Angebote, die über DAB kommen, doppelt so hoch wie die analogen. Es werden schon neue Techniken genutzt, um die Programmzahl zu erhöhen. Die Einladung, mehr Transportmöglichkeiten nach einer Digitalisierung, liegt damit auf dem Tisch. Hier muss man noch mal nachfragen dürfen.

Ein zweites, bevor es hier zu einer Seligsprechung der KEF kommt: Es gibt schon Probleme, auf die man hinweisen muss. Natürlich haben ARD und ZDF die Möglichkeit, über ihre Anmeldungen steuernd tätig zu sein. Ein Beispiel bei der letzten Gebührenerhöhung war die Kostensteigerungsquote. Wie soll die KEF, so hervorragend sie auch zusammengesetzt ist, praktisch nachvollziehen, was ihr als marktübliche Preisanpassung oder Preissteigerung angegeben wird. Ich biete an, dass die Privaten hier beratend tätig werden. Es hätte keiner Werbekrise bedurft, um uns erheblich ins Schlingern zu bringen, wenn wir die letzte Preissteigerungsrate, die ARD und ZDF bei der KEF angemeldet haben, für unsere Mehrjahresplanung in Anspruch genommen hätten. Hier gibt es vielleicht Möglichkeiten, wie man systemübergreifend zu Marktdaten kommt.

Natürlich liegt der Knackpunkt darin, dass die KEF nicht entscheiden kann, wie der Funktionsauftrag aussieht. Sie ist nicht die Prüfinstanz. Allein die Tatsache, dass die KEF wegen der Online-Frage das Problem auf den Tisch gelegt hat, führte dann zu der Diskussion, ob sie das dürfe. Hier muss auch noch einmal geklärt werden, wer die Anmeldungen rundfunkrechtlich prüft und ob sie im Einklang sind mit dem, was politisch notwendig oder gegeben ist. Ich will diese Grauzone nur einmal kurz ansprechen. Ganz so einfach, wie es manchmal dargestellt wird, ist dies mit der KEF sicher nicht. Bei dem Digitalempfang, Herr Ministerpräsident, bekommen wir alle ein Problem, wenn wir das industriepolitische Notwendige machen; dann steht am Schluss die Verschlüsselung aller deutschen Angebote. Dann beginnt die Diskussion, ob der Deutsche praktisch Pay-Gebühren zahlen muss oder ob Rundfunkgebühren letztlich einen Pay-Charakter haben.

Was derzeit über Astra verbreitet wird und im Ausland empfangbar ist und so als overspill dargestellt wird, ist urheberrechtlich sehr schwierig zu beurteilen. Technologisch ist es dann eben einfacher, die Programme beim Kunden zu adressieren. Also bekommen alle Free-TV-Veranstalter, ob öffentlich-rechtlich oder privat, hier ein riesengroßes urheberrechtliches und damit auch lizenzrechtliches Problem, was die Höhe betrifft. Müssen wir künftig für jeden Spielfilm die gesamteuropäischen Rechte kaufen? Hier hat die Technologie noch Konsequenzen, die weit über die Frage hinausgehen, ob ein PC gebührenpflichtig ist oder nicht. Da zeigt sich eben, dass die Konvergenz nicht nur ein Schlagwort ist. Dies wird uns gemeinsam noch ganz erheblich beschäftigen, und zwar ohne Systemunterscheidung.

Voß:

Es sind spannende neue Themen in der Diskussion. Zunächst einmal – das wird oft übersehen – hatte früher die Europäische Rundfunkunion die Rechte, und die Zuschauer haben gar nicht bemerkt, dass ein Problem entstehen könnte. Beim letzten Mal hat Kirch die Rechte bekommen. Grundsätzlich kann man nichts dagegen einwenden, dass ein Privatunternehmer, in diesem Fall als Monopolist, über diese Rechte verfügt. Dies war allerdings sehr stark gekoppelt mit dem Versuch, Pay-TV in Deutschland durchzusetzen, und zwar ohne dass für die Zuschauer wirklich ein Mehrwert entsteht. Jetzt sollte der

Versuch, ein Pay-TV-Monopol zu schaffen, dazu führen, dass die Rechte sehr viel teurer vermarktet werden. Daran ist Kirch letztlich auch gescheitert, weil er diese Rechte viel zu teuer eingekauft hat.

Bei der Verschlüsselung gibt es ein grundsätzliches Problem. Ich teile Ihre Auffassung, dass wir dort in eine schwierige Zone kommen. ARD und ZDF sind keine Freunde der Verschlüsselung, weil dies mit dem free flow of information zu tun hat. Man stelle sich einmal vor, man nutzte die Verschlüsselung, um Systeme abzuschotten, in denen grenzüberschreitende elektronische Informationen missliebig sind. Das ist für uns die entscheidende Fragestellung. Sie ist im Augenblick in Europa nicht mehr so relevant, wie sie es bis 1989 war. Aber man stelle sich einmal rückwirkend eine solche Diskussion damals vor. Deshalb hängen wir an diesem free flow of information. Wie das Spiel am Ende ausgeht, ob es auch noch andere Lösungen gibt, ist eine offene Frage. Wir hatten jetzt nicht die Möglichkeit, die digitalen Satellitenübertragungsrechte zu kaufen, und so ist dieses Problem entstanden. Wir konnten uns den Partner, der die Rechte hat, nicht aussuchen. Wir werden oft gefragt: „Warum habt ihr denn mit Kirch abgeschlossen, warum verhandelt ihr mit ihm?" Mit wem denn sonst? Er hatte nun mal die Rechte, einen anderen gab es nicht.

Dahinter steckt natürlich – gerade bei riesigen Sportereignissen – die Frage, ob Fußball nur ein kommerzielles oder auch ein öffentliches Gut ist. Zumindest in Deutschland stecken etwa im Fußball, im Stadionbau und in der öffentlichen Sicherheit gigantische Summen öffentlicher Gelder, die von den Steuerzahlern aufgebracht werden. Insofern kann man es nicht nur kommerziell nutzen, als gäbe es einen wirklichen Markt, zumal zu einem wirklichen Markt nicht nur mehrere Abnehmer, sondern immer auch mehrere Anbieter gehören. Wir haben es hier aber systemimmanent auf der Anbieterseite immer mit einem Monopolisten zu tun. Das kritisiere ich gar nicht. Wenn wir die Rechte hätten, wären wir auch Monopolisten und würden sie dann weiter verscherbeln. Aber es ist entweder die FIFA, die UEFA, der DFB oder die Bundesliga. Das hat auch positive Seiten, aber insofern hier von mehr Markt zu reden, ist einfach eine Irreführung.

Noch einmal zur KEF: Nur die ARD ist in der Gefahr, die KEF selig zu sprechen, das ZDF hat sie bereits heilig gesprochen.

Beck:

Das geht – glaube ich als Katholik – erst nach dem Tod.

Voß:

Herr Ministerpräsident, ich bin da kein Experte, ich nehme das mit der Heiligsprechung zurück. Also, es ist nicht einfach so, dass wir allein entscheiden, was wir machen wollen. Es ist in Staatsverträgen geregelt, welche Programme wir nach Zahl und Art machen. Das ist zwar auch von mir verfassungsrechtlich problematisiert worden, aber wir sind nicht nach Karlsruhe gegangen. Das ZDF und die ARD machen kein Programm, das nicht staatsvertraglich abgesichert ist. Das gilt auch für den Online-Bereich. Deshalb gibt es diese Expansion faktisch zumindest so nicht.

Doetz:

Sie machen auch e-commerce!

Voß:

Wir, der Südwestrundfunk? Sagen Sie mir mal wo? Ich glaube, selbst die Trüffelsauce hat sich beim Westdeutschen Rundfunk längst erledigt. Aber die Justiziarin des Westdeutschen Rundfunks, Frau Michel, ist hier. Sie kann Ihnen das nachher erläutern. Vielen Dank.

Dörr:

Ganz herzlichen Dank. Herr Schächter, Sie wollten auch zu diesem Themenblock etwas sagen.

Schächter:

Vielleicht noch einmal am Beispiel des Fußballs die Gesamtdarstellung: Wir konnten die Rechte für diejenigen, die Herr Beck zu Recht die Pioniere, die Avantgarde des neuen Zuschauens, des neuen Fernsehens mit digitalem Satellitenempfang nennt, nicht erwerben, weil sie nicht da waren. Kirch hatte, um einen Pionierpreis in Europa zu erzielen, diese Rechte in Spanien an einen kleinen Pay-TV-Veranstalter vergeben, der sagte, er wolle sie europaexklusiv und ohne overspill haben. Von diesem Moment an waren die Rechte für uns nicht mehr erwerbbar. Daraus ergibt sich auch für das Jahr 2006 mit der Fußball-WM als dem denkbar größten Sportereignis dieses Jahrzehnts in unserem Land eine Diskussion darüber, dass eine solche Vermarktung nicht mehr in Frage kommt. Das wird unsere nächste Aufgabe sein, unsere Lektion, die wir nach der Weltmeisterschaft 2002 zu lernen haben.

Doetz:

Ich glaube, das ist nicht das Problem. „Via Digital" hat nicht die europaweiten, sondern die spanischen Pay-Rechte eingekauft. Wir übertragen ab 21.15 Uhr für diese Satellitenhaushalte, aber verschlüsselt. Da gibt es eben das Verschlüsselungsproblem.

Damit sind wir nämlich beim Thema, Herr Voß, free flow of information ist wunderschön, aber wir haben ein Urheberrecht. Wie wollen Sie das konkret handeln? Wenn Sie bei CNN einen Beitrag kaufen, den Sie in die ARD nehmen wollen, und Sie erwerben die deutschsprachigen Rechte, stellt Sie das vor das Problem, dass Sie Europarechte erwerben. Dann sagt NTV: „Halt, die haben wir aber". Hier gibt es die Verschlüsselungsproblematik im Zusammenhang mit dem Urheberrecht, und da bekommen wir, unabhängig ob öffentlich-rechtlich oder privat, erhebliche finanzielle Probleme.

Voß:

Es ist natürlich so: Zunächst einmal hat Kirch dieselbe Ware zweimal verkauft. Er hat den Spaniern eine Exklusivität verkauft, die sich ursprünglich sogar auf den analogen Bereich erstreckte. Wir haben große Probleme gehabt, das wieder hinzubiegen. Natürlich kann man Rechte auch so verkaufen und stückeln, dass diese Exklusivitätsprobleme nicht entstehen. Denn was hätte es verschlagen, wenn ein paar Urlauber in Spanien unsere Programme gesehen hätten. Aber Kirch hat natürlich so viel wie möglich rausholen wollen und auch müssen, weil er zunächst einmal gigantische Summen bezahlt hat. Daran ist er auch kaputt gegangen.

Doetz:

Dann tragen wir zur Verwirrung des Auditoriums dadurch bei, dass niemand den analogen Astra-Empfang in Nordspanien verbieten kann. Natürlich kann jeder über Astra die analoge Verbreitung der Fußballspiele von Israel bis Nordafrika verfolgen. Was ist wirklich analog, was muss digital verschlüsselt werden? Da bekommt man einmal ein Gespür dafür, was demnächst auf uns zukommt.

Dörr:

Dazu wollte ich Sie, Herr Ministerpräsident, auch noch einmal fragen. Denn das ist eine ganz neue und hochinteressante Entwicklung. Ich weiß, dass sich auch die EG-Kommission darüber Gedanken macht, dass die digitale Technik, von der sie zu Recht sagt, sie wolle sie aus anderen Gründen fördern, dazu führt, dass man Rechte wieder gebietsgenau zuschneiden kann. Dann haben wir statt eines Fernsehens ohne Grenzen, das wir alle begrüßt haben und das der Europarat auch will, auf einmal wieder ein regionalisiertes Fernsehen. Das kann im Extremfall so weit führen – wenn man mit der Rechteverwertung auf diesem Weg fortschreitet –, dass man in Deutschland kein französisches Programm, in Spanien kein deutsches Programm mehr sehen kann, wenn die Digitalisierung sich durchgesetzt hat. Es entsteht also genau das Gegenteil von einem europäischen Fernsehen. Wie sehen Sie diese Entwicklung?

Beck:

Da gibt es ganz ohne Frage einen erheblichen Diskussionsbedarf. Wir müssen in der Tat miteinander eine europäische Position finden. Ich glaube, dass die

Maßstäbe nicht so eng sein können, wie sie bisher ausgelegt wurden. Ich komme gerade von einer Veranstaltung, die dafür geworben hat, die deutsch-französischen Beziehungen lebendig zu erhalten. Wir haben jungen Menschen, die sich dafür einsetzen, über die Robert Bosch-Stiftung Preise verliehen. Wenn man sieht, welche wieder trennende Dimension es haben könnte, wenn wir eine falsche Entwicklung zuließen, dann muss man einsehen, dass der europäische Gedanke auch seinen Platz haben muss und ein Gemeinnutzenanspruch daraus abgeleitet werden kann. Dieser muss definiert werden; er muss von anderen Interessen, auch von Rechteinteressen abgegrenzt werden. Wir müssen eine europäische Antwort finden, eine europäische, politische Lösung definieren. Ob die dann hält und wie weit sie hält, das muss ausgelotet werden, wie wir das in vielen anderen Bereichen auch getan haben.

Eins will ich dazu noch sagen: So weit im Bereich der Free-TV-Programme verschlüsselt wird, werde ich alles tun, was in meiner Macht steht, dass dafür keine zusätzliche Gebühr erhoben wird. Ich sage dies nicht nur so in den Raum. Ich erinnere mich sehr wohl an eine Anhörung, die wir im Kreis der Rundfunkkommission gemacht haben, als die Diskussion begonnen hat. Damals hat die Telekom dies sehr nachdrücklich auf den Tisch geblättert. Wir müssen auch sehr deutlich sagen, dass die technische Umformung natürlich Geld kosten wird. Wer kein digitales Gerät erwirbt, wird einen Transponder brauchen, um es umzuwandeln. Das wird unvermeidbar sein, und es wird auch in der Übergangszeit Zusatzkosten geben. Irgendwann werden diese durch entsprechende – ob höhere oder niedrigere, lasse ich jetzt einmal dahingestellt – Sende- und Verbreitungskosten ersetzt werden.

Aber es darf wegen der Verschlüsselung keine zusätzliche Gebühr geben. Darüber sollten wir uns klar sein. Ich bin überzeugt davon, dass die Politik zusammenstehen und sich zur Wehr setzen würde, wenn jemand meinte, es gäbe Mitnahmeeffekte und Verbreitungswege zusätzlich zu finanzieren. Das scheint mir ein wichtiger Punkt zu sein, damit Illusionen von vorneherein gedämpft werden.

Dörr:

Ganz herzlichen Dank. Wir haben auch viele Experten im Publikum; deshalb sollten wir die Diskussion öffnen und dem Publikum die Möglichkeit geben, Fragen an die Podiumsteilnehmer zu stellen oder auch Anmerkungen zu machen.

Eberle:[1]

Ich will nur eine kurze Bemerkung zu dem, was Herr Doetz gesagt hat, machen, und zwar zur urheberrechtlichen Problematik der Satellitenverbreitung. Hier muss man sehen, dass die Kabel- und Satellitenrichtlinie der Europäischen Union gerade die Satellitenverbreitung erleichtern wollte und die urheberrechtlichen Voraussetzungen dafür geschaffen hat, dass erleichtert über Satellit versendet werden kann, nämlich durch die Regelung, dass man die Senderechte nur im Sendeland erwerben muss und dann die Möglichkeit hat, über Satellit zu verbreiten. Ursprünglich war es fraglich, ob man nicht die Rechte in all den Ländern erwerben muss, in denen das Signal empfangen werden kann. Nein, es ist so: nur einmal die Rechte erwerben – Sendelandprinzip – und dann kann überall versendet werden.

---

[1] Professor Dr. Carl-Eugen Eberle ist Justiziar des ZDF und stellvertretender Vorsitzender des Mainzer Medieninstituts.

Das Problem ist aber, dass die Rechteinhaber nicht gehindert sind, bestimmte Arten von Rechten nicht zu vergeben, z.B. die Rechte für digitale Satellitenverbreitung. Es ist aber nicht das Urheberrecht, das dies verhindert, sondern die Strategie des jeweiligen Rechteinhabers. Hier gab es eine Strategie der KirchGruppe, die glaubte, eine bestimmte Typik des Rechteerwerbs, nämlich dass man die Satellitenrechte nicht mehr unverschlüsselt gibt, durchsetzen zu können. Das konnte sie wegen ihrer Monopolstellung, die sie hatte. Darüber wird nachzudenken sein.

Dörr:

Frau Michel hat sich noch zu Wort gemeldet und dann Herr Schneider.

Michel:[2]

Herr Doetz, Sie haben das WDR-Online-Angebot angesprochen und statt der üblichen Bratpfannen zur Abwechslung Pfeffermühlen oder Öl genannt. Ich würde Ihnen zunächst einmal empfehlen, sich das neue Angebot des WDR etwas genauer anzuschauen. Grundsätzlich will ich zu der Problematik, die Sie angesprochen haben, doch noch einen Hinweis geben: Unter dem Stichwort e-commerce werden meines Erachtens unterschiedliche Dinge sehr stark vermischt. Es steht für mich nämlich außer Frage, dass das, was wir bislang schon im Offline-Bereich als ganz normales Merchandising und Randnutzung haben machen dürfen, uns auch Online nicht versagt sein kann.

---

[2] Eva-Maria Michel ist Justiziarin des WDR.

Ich möchte auch noch die Verschlüsselung ansprechen, weil das ein Thema ist, das uns sehr intensiv beschäftigt. Ich habe eine Frage an Sie, Herr Ministerpräsident Beck: Sie haben in der letzten Zeit öffentlich mehrfach eine Erweiterung der Listenregelung zur Diskussion gestellt. Wir haben im Zusammenhang mit der Listenregelung in Deutschland auch die Regelung, dass eine Free-TV Versorgung nur dann anzunehmen ist, wenn mehr als zwei Drittel der Haushalte das Ereignis tatsächlich Free-TV empfangen können. Ich möchte anregen, darüber nachzudenken, auf diese Zwei-Drittel-Regelung zu verzichten und stattdessen eine nahezu 100-Prozent-Versorgung vorzusehen. Dann hätten wir auch andere rechtliche Möglichkeiten gegen Verschlüsselungsverlangen für die digitale Satellitenausstrahlung gehabt. Wir könnten dann nämlich sagen, wir müssen auch diesen digitalen Satellitenhaushalten den Empfang unserer Programme ermöglichen, weil es sich bei den Ereignissen, die wir übertragen, um so genannte gelistete Ereignisse handelt. Das möchte ich als Anregung für die weiteren Gesetzgebungsüberlegungen einbringen. Das würde uns für einen ganz wichtigen Bereich, in dem die Verschlüsselung eine maßgebliche Rolle spielt, helfen, nämlich für den Sportrechtebereich. So könnte sichergestellt werden, dass die digitalen Haushalte, die jetzt zu den Pionieren der neuen Technik gehören, wegen der Zwei-Drittel-Schwelle nicht vom freien Empfang gelisteter Ereignisse ausgeschlossen würden.

Schneider:[3]

Ich möchte auch noch einmal auf die Frage der Verschlüsselung eingehen. Es geht um eine ganz merkwürdige Alternative, nämlich um die zwischen „Rechte ohne Grenzen" und „Fernsehen ohne Grenzen". Das sind zwei verschiedene Diskurse, die wir bitte nicht vermischen wollen. Die Frage der Verschlüsselung eignet sich wie das Thema der Grundversorgung dazu, ungefähr 20 Jahre intensiv und folgenlos zu diskutieren, wenn man sie so aufbaut, dass man sagt, entweder verschlüsseln wir oder wir verschlüsseln nicht. Ich halte es für vernünftiger, sich die Fallgruppen zusammen zu suchen, in denen dieses Thema überhaupt relevant werden könnte. Dann wird man entdecken, der overspill, der bisher stattgefunden hat, wird dort ein Problem, wo die Rechte zu teuer werden und die Refinanzierung der Rechte auf dem gesamteuropäischen Platz mit einem Einzelerwerb nicht mehr stattfinden kann. Da muss der Rechteerwerber natürlich die Möglichkeit haben, zu adressieren und die Begrenzung vorzunehmen. Das wird aber eine übersichtliche Anzahl von Dingen sein. Ich rate sehr dazu, die Diskussion nicht unter dem Gesichtspunkt zu führen, ob wir eine neue, archetypische Unterscheidungsmöglichkeit fürs Volk finden, sondern sich den Fällen zuzuwenden, um die es konkret geht. Das wird man nicht auf einmal und abschließend machen können, sondern offen halten müssen. Sonst kommen wir an dieser Stelle in die von Herrn Doetz mehrfach apostrophierte Problemlage für alle Free-TV-Veranstalter, dass dann eben bestimmte Rechte entweder im Pay-Bereich abgehen – und das will man ja auch nicht – oder eben geografisch zerniert werden müssen, weil sie sonst nicht refinanzierbar sind.

---

[3] Dr. Norbert Schneider ist Direktor der Landesanstalt für Medien Nordrhein-Westfalen.

Ich will noch einen Punkt erwähnen, weil es vielleicht das letzte Mal ist, dass man ihn erwähnen kann, nachdem die digitale Frage gar kein Thema mehr ist. Wir haben vor einem Jahr auf die Frage aufmerksam gemacht, dass das Problem eines der Geräteindustrie war. Das ist ein anderer Ausgangspunkt. Das hat sich inzwischen auch ein wenig verändert. Ich sage es nur noch einmal, denn Kirch alles in die Schuhe zu schieben, wo er gar keine mehr hat, ist auch ein bisschen einfach. Es ist auch ein Jahr Zeit gewesen, die Geräteindustrie und auch die Käufer aufzuklären, welche Geräte sie kaufen und darauf hinzuweisen, dass man mit dem einen 99 Euro Gerät eben nichts sehen kann und mit dem anderen vielleicht doch. Da hätte es viele Möglichkeiten gegeben. Man hat über das Jahr nach Lösungen gesucht, das ist richtig. Aber sich einen ganz unschuldigen Fuß zu machen, das führt zu Legenden.

Dörr:

Herr Voß, Sie wollen gleich Einspruch erheben?

Voß:

Nur zu diesem Punkt: Herr Schneider, es trifft nicht ganz zu, dass wir durch Ihren Warnruf das Problem entdeckt haben. Richtig ist, dass wir diese Frage sehr früh auch mit Kirch besprochen haben. Richtig ist ferner, dass wir zunächst die Größenordnung nicht kannten, denn es gibt keine Statistik, sondern nur die Angaben der Industrie. Aber die Industrie konnte und kann bis heute nicht sagen, wie viele dieser Geräte nur digital und wie viele auch noch analog empfangen können. Deshalb ist auch diese Zahl eine Million Haushalte, sprich drei Millionen Zuschauer, zu einfach und zu hoch gegriffen. Wir wissen nicht, wie viele es wirklich sind. Wir wissen noch nicht einmal von denen, die tatsächlich nur digital über Satellit empfangen können, wie viele sich sehr rasch umgestellt haben. Das müssen sehr viele sein, das zeigen nicht nur die Quoten, sondern auch das schnelle Abflauen der Proteste.

Kirch wäre auf keinen Fall bereit gewesen, es sei denn zu exorbitanten Summen, uns die Rechte so zu verkaufen, dass wir unter Verzicht auf Verschlüsselung alle hätten versorgen können. Wir haben es dann über die technische Lösung versucht. Dieses Problem ist auch vorher sehr kontrovers besprochen worden. Kirch wollte natürlich zum höchstmöglichen Preis exklusiv anderswohin verkaufen. Das würde jeder von uns auch machen wollen, wenn er als Monopolist diese Rechte hat. Deshalb hat er sie uns nicht verkauft. Das ist eine sehr einfache Geschichte, es geht auch nicht um Schuld, es ist einfach ein Faktum. Das hatten wir zu respektieren. Wir hatten doch keine Einsicht in die Verträge von Kirch. Wir haben bis zum Tag des Eröffnungsspiels nicht klären können, ob in den Verträgen außerhalb Europas für den Fall, dass doch jemand irgendwo im Ausland unsere technische Lösung empfangen kann, Konventionalstrafen vereinbart sind. Daran ist diese technische Lösung mit gescheitert. Wir wollen Kirch nicht nachträglich prügeln, aber an uns hat es nun wirklich nicht gelegen.

Dörr:

Herr Ministerpräsident, Sie wurden von Frau Michel konkret mit einer Frage angesprochen.

Beck:

Frau Michel, zur Zwei-Drittel-Versorgungsfrage möchte ich folgendes anmerken: Es gab auch schon Zeiten, in denen wir froh waren, diese Frage heranziehen zu können, denn sonst wäre auf den öffentlich-rechtlichen Rundfunk das Problem zugekommen, dass nicht alle Gebiete versorgt sind. Ich könnte einige Teilgebiete des Landes Rheinland-Pfalz nennen, in denen zwar die Fernsehversorgung funktioniert, aber die Hörfunkversorgung mit allen öffentlich-rechtlichen Ketten teilweise nicht gewährleistet ist. Wenn man also einen absoluten Anspruch auf Versorgung setzt, dann muss er auch gewährleistet sein, bevor man ihn einem Dritten gegenüber reklamieren kann. Deshalb wäre ich ein bisschen vorsichtig, was an Anforderungen an die Versorgung angeht – zumindest mit den öffentlich-rechtlichen Programmen. Aber insgesamt müssen wir diese Frage aufarbeiten.

Es kann nicht so sein, dass diejenigen, die der technischen Entwicklung ein Stück vorangehen und damit auch Spuren hinterlassen, im Zweifelsfall die Enttäuschten sind. Das ist kontraproduktiv im Sinne der technologischen Entwicklung der Bundesrepublik Deutschland. Wir müssen alles versuchen, um dies für die Zukunft auszuschließen. Wenn wir an 2006 denken, werden wir natürlich ganz andere Dimensionen der digitalen Empfangshaushalte haben. Bis dahin müssen wir einige Dinge klarstellen. Auch die Rechteverkäufer, die über den internationalen Fußball bestimmen, müssen eine Diskussion führen. Ich bin mir durchaus bewusst, dass man mit dieser Forderung vielleicht den Mond anbellt; denn wer erlebt hat, wie die FIFA mit ihren inneren Angelegenheiten umgeht, der hat Zweifel, ob man wirklich zu einem Ergebnis kommt. Im Zweifelsfall müssen auch einmal die in der Bundesrepublik Deutschland Verantwortlichen, die die Möglichkeit dazu haben, auf diese Entscheidungen Einfluss nehmen. Es kann nicht sein, dass wir solchen Entwicklungen in einer Weise hilflos ausgeliefert sind, dass auf den Endkunden keine Rücksicht genommen wird. Kunde ist eben auch der Sportveranstalter. Denjenigen, die fordern, dass die Europäische Gemeinschaft von ihrer Überlegung abrückt, dass jedes Spiel einzeln vermarktet werden muss, weil sonst Monopolbedingungen entstehen, muss man auch öffentliche Interessen entgegenhalten dürfen. Ich bin nicht sehr optimistisch, aber es ist nicht verboten, die Interessen der breiten Mehrheit in einer Gesellschaft zu formulieren.

Auf der anderen Seite hätte es bei den vielfältigen, auch langjährigen und traditionellen Beziehungen zwischen den unterschiedlichen Medienveranstaltern in Deutschland möglich sein müssen, besser miteinander umzugehen. Das sage ich auch einmal in aller Offenheit, denn es gab schon Situationen, in denen man in bestimmten Häusern froh war, wenn die öffentlich-rechtlichen Veranstalter Verträge über bestimmte Filmpakete zu einer bestimmten Zeit abgeschlossen haben. Ich weiß, dass man das nicht einklagen kann, aber erinnern an das Umgehen anständiger Kaufleute miteinander darf man sehr wohl. Dass man sich Bezahltes nicht noch ein zweites Mal bezahlen lässt, muss man reklamieren dürfen, damit die Maßstäbe nicht völlig verloren gehen. Es muss doch ein paar Dinge in dieser Republik geben, die etwas mit anständigem Miteinander-Umgehen zu tun haben, ohne dass man alles auf das allein Justiziable beschränkt.

Vor diesem Hintergrund müssen wir Regelungen finden, die uns vor solchen negativen Überraschungen schützen, oder wir müssen mit den bescheidenen Instrumentarien des europäischen Rechts die Dinge enger zurren. Dort gehört dann die Listendiskussion hin. Wie weit das trägt, muss man ausloten. Ich bin nicht so optimistisch wie manche meiner Kollegen, aber ich glaube, dass man zumindest die Instrumentarien aufzeigen darf. Wir müssen an dieser Stelle – und das geht weit über Sport hinaus – auch einmal darauf hören, was die

Menschen zu solchen Verfahrensweisen sagen. Wir können nicht technische, fernseh- und rundfunkrechtliche Entwicklungen im Expertenkreis diskutieren, und die Menschen haben das Gefühl, das gehe total an ihren Interessen vorbei. Ich halte dies für eine reale Gefahr, auf die man von vornherein achten muss, sonst steht man erschreckt vor Situationen, die man vorher für unmöglich gehalten hätte. Soweit muss es nicht kommen, denn wir haben die Risiken jetzt auch am negativen Beispiel erlebt.

Doetz:

Zu dem letzten Punkt: Ich glaube schon, dass die Frage berechtigt war: „Wusstet ihr das nicht so richtig?" Ich bin da selbstkritisch. Man muss so ehrlich sein zuzugeben, dass Digitalfernsehen und Pay-TV in der öffentlichen Meinung eins war. Dann war völlig klar, dass man für das Pay-TV die digitale Übertragung braucht und natürlich hieß es dann, wenn man Satellitendirektempfang hat, muss man dieses digitale Signal verschlüsseln, sonst kann man sein Pay-Geschäft dicht machen.

Wenn man dann mit einer neuen Liste kommt, ist nicht nur das Pay am Ende, sondern auch der Finanzierungsbeitrag vom Pay für den Fußball. Und die Pay, Premiere usw., hat bisher den größten Beitrag geleistet, was die Finanzierung der Bundesliga betrifft. Es wird auch künftig einen großen Beitrag geben, wobei ich sage, Pay ist in Deutschland ohne Fußball kaputt. Nur Fußball ohne Pay wird leben – aber wie?

Da gibt es zwei Möglichkeiten. Entweder akzeptiert man, dass es den Finanzier Pay nicht mehr gibt und die Bundesliga mit dem Rest zufrieden sein muss, den sie durch den Erstverwerter und den Zweitverwerter bekommt. Dann kollabiert die Bundesliga, oder aber, sie erhöht die Gebühren, weil die privaten Sender nicht nachschießen können. Diese legen zur Zeit schon drauf. Sie müssen erst einmal erklären, dass es unverhältnismäßig ist, dass jemand die Spiele nicht sehen kann, aber gleichzeitig die Gebühren um zehn DM wegen des Fußballs erhöht werden. Wir werden hier ein gewaltiges Problem der Refinanzierung des Fußballs auf der einen Seite und der Belastung des Bürgers wegen des Fußballs auf der anderen Seite bekommen.

Voß:

Die Probleme der Refinanzierung des Fußballs werden dadurch gelöst werden, dass international die Geldgier auf dieser Seite reduziert wird. Es war doch noch vor fünf Jahren nicht so wie heute. Die Entwicklung ist wahnsinnig überhitzt, und das wird sich dann ändern, wenn die Lizenzierung sich überall durchsetzt, d.h. wenn Vereine, die zuviel ausgeben, nicht mehr zugelassen werden. Das ist eine ganz einfache Lösung, die sich international durchsetzen wird, weil letztlich der Fußball selbst daran interessiert sein muss. Es ist doch egal, ob Sie sagen, der Bürger wird belastet oder die Pay-TV-Kunden; das sind nämlich die sogenannten kleinen Leute. Wer hat denn Pay-TV? Gerade nicht die Wohlhabenden! Diese Überhitzung, die nichts mit Markt mehr zu tun hat, wird zurückgedreht werden. Auch ein künftiges Pay-TV, das sich auch dann noch rechnet, wenn es nicht mit harter Pornografie operiert, wird solche Rechtekosten nicht mehr bezahlen können. Das wird sich normalisieren und einpegeln. Das ist die einzig vernünftige Lösung. Was wir jetzt haben, ist doch total überdreht. Und das wird sich ändern!

Dörr:

Jetzt sind wir bei einem ganz neuen Thema, den Sportrechten, das wir vielleicht auch noch einmal aufgreifen werden. Ich hab noch eine Wortmeldung.

Wolf:[4]

Noch einmal zu dem großen Thema „Rundfunk über Gebühr": Hier in Mainz hat vor kurzem ein Symposium der KEF stattgefunden. Das Thema war „Grenzziehung öffentlich-rechtlichen Rundfunks im Online-Bereich". Dort wurden verschiedene, auch insbesondere rundfunkpolitische Probleme vom Chef der rheinland-pfälzischen Staatskanzlei dargestellt, und es wurde überlegt, inwiefern es überhaupt Mittel und Wege gibt, eine Grenzziehung vorzunehmen. Die KEF scheidet ja bekanntlich als regulative Instanz aus. Erste Frage: Gibt es eine Einengung des gesetzlichen Ermächtigungsbereichs aus dem Rundfunkvertrag durch inhaltliche Kriterien? Wird das von politischer Seite oder von den Veranstaltern als möglich erwartet?

Dann wurde weiter diskutiert, ob man den Finanzrahmen deckeln wird. Das ist natürlich mit dem Entwicklungsgebot nicht vereinbar. Drittens wurde gefragt, inwiefern eine Selbstverpflichtung der Rundfunkanstalten insbesondere im Online-Bereich für wünschenswert oder auch für vertretbar und durchsetzbar zu erachten ist. Daher abschließend: Inwieweit wird versucht, das Online-Engagement der öffentlich-rechtlichen Rundfunksender nicht nur finanziell, sondern auch inhaltlich einzuschränken?

---

[4] Christopher Wolf ist Rechtsreferendar in Mainz.

Dörr:

Hier sind wir noch einmal bei der Frage, für welche Funktionen Gebühren verwendet werden sollen. Wollen Sie, Herr Ministerpräsident, dazu etwas sagen?

Beck:

Wir sind uns offensichtlich über die Deckelungsfrage einig. Das ist ein Weg, der so aus vielen Gründen nicht geht. Ich muss das nicht wiederholen. Die inhaltlichen Begrenzungen sind in allgemeiner Form vorgegeben, nämlich die Programmnähe. Die Frage ist, wie man dies erreicht. Es gibt viele Untersuchungen und Hypothesen, aber niemand weiß wirklich, wie sich die Sehgewohnheiten entwickeln werden. Wird es eine Entwicklung zu einer stärkeren Verspartung geben, oder wird es eine Entwicklung dahin geben, dass die kommerzielle oder geschäftliche Nutzung von Multimediaangeboten und die Freizeitnutzung stärker ineinander fließen, oder wird es – woran ich eher glaube – eine Entwicklung zu einer deutlicheren Trennung zwischen dem Freizeit- und dem Arbeitsbereich geben, man aber innerhalb dieses Bereichs wiederum einen Weg zur Kommunikation, also zur Rückkanalfähigkeit suchen wird. Die Frage ist also, in welche Richtung es geht.

Ich habe immer die These vertreten, dass die Rundfunkpolitik keine Wege bauen sollte, die dann am Ende keiner beschreiten will, weil die Technik, die Interessen der Leute und die ökonomischen Interessen in eine andere Richtung laufen. Diesen Weg zu finden möchte ich an dieser Stelle nicht dadurch versperrt wissen, dass wir einen Zaun ziehen. Dann ziehen wir an drei anderen Stellen noch einmal einen Zaun und haben dann entweder für die privaten oder die öffentlich-rechtlichen Sender Entwicklungen eher verhindert, als sie offen begleitet. Dass man manchmal bei Bereichen wie z. B. Jugendschutz korrigieren muss, ist eine andere Frage. Deshalb würde ich gern beim Suchen der Grenzen – auch für Online-Aktivitäten – sehr aufpassen, dass Entwicklungschancen nicht verschüttet werden. Es geht mir nicht darum, dass man nicht bestimmte Grenzen sehen muss. Was über Gebühren finanziert ist, kann nicht genau so behandelt werden wie das, was sich am Markt refinanzieren muss.

Dörr:

Ganz herzlichen Dank. Frau Kollegin Noelle hat sich zu Wort gemeldet.

Noelle:[5]

Ich möchte gerne den Versuch machen, die Perspektive der Forschung – wenn auch ganz am Schluss – anzubringen. Ich will beschreiben, was sich in den 60er Jahren zugetragen hat. Damals konnte ich feststellen, dass in der gesamten Welt die prinzipiell vorhandenen Möglichkeiten, die Wirkung des Fernsehens zu beobachten und mittels Forschung zu untersuchen, nicht genutzt wurden. Damals haben wir uns an den Südwestfunk gewandt und gesagt, es sei die letzte Chance, als die Verbreitung des Fernsehens ungefähr bei 75 Prozent lag, noch ein einwandfreies experimentelles Modell dazu zu nutzen, eine Erhebung von Haushalten, die noch kein Fernsehen haben, nach einem Stichprobenplan durchzuführen und dann diese Haushalte in einer Art von Zwil-

---

[5] Professor Dr. Dr. h.c. Elisabeth Noelle ist Leiterin des Instituts für Demoskopie Allensbach.

lingskonstruktion – nämlich diejenigen, die noch kein Fernsehen hatten und in absehbarer Zeit auch kein Fernsehen anschaffen wollten und dann diejenigen, die in vielen Merkmalen der ersten Gruppe entsprachen, noch kein Fernsehen hatten, aber definitiv ein Fernsehgerät anschaffen wollten – zu befragen. Dann wurden diese Befragungen sehr breit angelegt durchgeführt, z.B. bezüglich der Lebensgewohnheiten, der Art der Interessen und des Familienlebens.

Zwei Jahre später wurden diese Gruppen und die Kontrollgruppen wieder befragt. Die Gruppen wurden verglichen und es wurde geprüft, wie sie sich unterscheiden. Wie hat sich denn das Leben verändert, wenn man zum ersten Mal ein Fernsehen anschafft? Was hat sich geändert? Hat sich viel geändert? Es sind außerordentlich markante Veränderungen, die auf diese Weise nachgewiesen wurden. Zum Beispiel war es dramatisch, wie sich in den Haushalten, in denen nun ein Fernsehgerät vorhanden war, das Interesse für Politik verändert hatte. Dagegen war bei der Kontrollgruppe, die bei der ersten und bei der zweiten Befragung kein Fernsehen hatte, das Interesse für Politik ganz unverändert geblieben. Aber die Prognosen, die wir auf die erste Untersuchung stützten, hatten sich zehn Jahre später alle erfüllt.

Jetzt wäre meine Frage, interessiert es uns eigentlich gar nicht, wie sich das Leben bei uns in Deutschland durch das Internet verändert? Wenn es uns nämlich interessieren würde, dann könnten wir es doch untersuchen. Noch ist es nicht so wie damals, als uns praktisch keine Gruppe mehr übrig blieb. Bei dem gegenwärtigen Stand ist es so, dass wir nach diesem Modell prüfen könnten. Wir könnten vielleicht auch schon ziemlich bald beobachten, wie sich das Leben von denen verändert, die das Internet wieder aufgeben. Das ist hoch interessant. Es gibt nämlich viele, die inzwischen sagen, das lohne sich für sie nicht, das sei Zeitverschwendung. Wenn wir also forschungsorientierter wären, dann könnte ich Ihnen versprechen, die Methoden, die Spezialisten, die Fachleute sind da, die mit Experimenten arbeiten, die auch anerkannt sind. Wir wüssten dann über unsere Gesellschaft in einer sehr wichtigen Frage Bescheid.

Es ist dazu gar kein besonderer finanzieller Aufwand nötig; ich bin mit ganz anderen Größenordnungen vertraut, z. B. mit denen meines zweiten Mannes, des Physikers Heinz Maier-Leibniz, der Garching und das nukleare Forschungszentrum in Grenoble gegründet hat. Ich kenne die Größenordnungen, die in diesen Situationen selbstverständlich sind. Warum also sind wir so schüchtern? Lange Zeit dachte ich, es habe keinen Sinn. Aber dann sagte ich mir schließlich, wenn noch ein wenig Zeit da ist, kann ich vielleicht doch den heutigen Tag als einen betrachten, an dem einige anfangen zu überlegen, ob man das nicht untersuchen sollte.

Dörr:

Besten Dank für Ihre Anregung, die weit über die Thematik hinausführt. Es ist interessant, dass wir auch sehr viel auf juristischer Ebene mit Medienwirkungszusammenhängen argumentieren, die wir nicht genau kennen. Das Bundesverfassungsgericht argumentiert ständig mit Wirkung von Rundfunk, Fernsehen und Mediendiensten.

Ich möchte mich ganz herzlich bei den Gästen auf dem Podium und im Publikum für die Diskussionsbeiträge, die Fragen und das Zuhören bedanken.

Studien zum deutschen
und europäischen Medienrecht

Herausgegeben von Dieter Dörr
mit Unterstützung der Dr. Feldbausch Stiftung

Band 1   Peter Charissé: Die Rundfunkveranstaltungsfreiheit und das Zulassungsregime der Rundfunk- und Mediengesetze. Eine verfassungs- und europarechtliche Untersuchung der subjektiv-rechtlichen Stellung privater Rundfunkveranstalter. 1999.

Band 2   Dieter Dörr: Umfang und Grenzen der Rechtsaufsicht über die Deutsche Welle. 2000.

Band 3   Claudia Braml: Das Teleshopping und die Rundfunkfreiheit. Eine verfassungs- und europarechtliche Untersuchung im Hinblick auf den Rundfunkstaatsvertrag, den Mediendienste-Staatsvertrag, das Teledienstegesetz und die EG-Fernsehrichtlinie. 2000.

Band 4   Dieter Dörr, unter Mitarbeit von Mark D. Cole: *Big Brother* und die Menschenwürde. Die Menschenwürde und die Programmfreiheit am Beispiel eines neuen Sendeformats. 2000.

Band 5   Martin Stock: Medienfreiheit in der EU-Grundrechtscharta: Art. 10 EMRK ergänzen und modernisieren! 2000.

Band 6   Wolfgang Lent: Rundfunk-, Medien-, Teledienste. Eine verfassungsrechtliche Untersuchung des Rundfunkbegriffs und der Gewährleistungsbereiche öffentlich-rechtlicher Rundfunkanstalten unter Berücksichtigung einfachrechtlicher Abgrenzungsfragen zwischen Rundfunkstaatsvertrag, Mediendienstestaatsvertrag und Teledienstegesetz. 2001.

Band 7   Torsten Schreier: Das Selbstverwaltungsrecht der öffentlich-rechtlichen Rundfunkanstalten. 2001.

Band 8   Dieter Dörr: Sport im Fernsehen. Die Funktionen des öffentlich-rechtlichen Rundfunks bei der Sportberichterstattung. 2000.

Band 9   Dieter Dörr (Hrsg.): www.otello.de Klassik nur noch im Internet oder per pay? Symposium aus Anlass des 85. Geburtstages von Professor Dr. Heinz Hübner. 2000.

Band 10 Markus Nauheim: Die Rechtmäßigkeit des Must-Carry-Prinzips im Bereich des digitalisierten Kabelfernsehens in der Bundesrepublik Deutschland. Illustriert anhand des Vierten Rundfunkänderungsstaatsvertrages. 2001.

Band 11 Stefan Sporn: Die Ländermedienanstalt. Zur Zukunft der Aufsicht über den privaten Rundfunk in Deutschland und Europa. 2001.

Band 12 Christian Ebsen: Fensterprogramme im Privatrundfunk als Mittel zur Sicherung von Meinungsvielfalt. 2003.

Band 13 Dieter Dörr / Stephanie Schiedermair: Rundfunk und Datenschutz. Die Stellung des Datenschutzbeauftragten des Norddeutschen Rundfunks. Eine Untersuchung unter besonderer Berücksichtigung der verfassungsrechtlichen und europarechtlichen Vorgaben. 2002.

Band 14 Dieter Dörr (Hrsg.): Rundfunk über Gebühr. Die Finanzierung des öffentlich-rechtlichen Rundfunks im Zeitalter der technischen Konvergenz. 3. Mainzer Mediengespräch. 2003.

Dieter Dörr / Stephanie Schiedermair

Rundfunk und Datenschutz

Die Stellung des Datenschutzbeauftragen des Norddeutschen Rundfunks.
Eine Untersuchung unter besonderer Berücksichtigung der verfassungsrechtlichen und europarechtlichen Vorgaben

Frankfurt/M., Berlin, Bern, Bruxelles, New York, Oxford, Wien, 2002. 96 S.
Studien zum deutschen und europäischen Medienrecht. Herausgegeben von Dieter Dörr. Bd. 13
ISBN 3-631-50376-8 · br. € 16.40* / US-$ 14.95 / £ 10.–

Die Untersuchung analysiert die Stellung des Datenschutzbeauftragten beim öffentlich-rechtlichen Rundfunk. Ausgehend von der verfassungsrechtlichen Bedeutung der Rundfunkfreiheit einerseits und des Datenschutzes andererseits werden die verfassungsrechtlichen Vorgaben für die Stellung des Rundfunkdatenschutzbeauftragten aufgezeigt. Besondere Bedeutung erlangt hierbei der Schutz der Rundfunkfreiheit durch Verfahren. Im zweiten Teil werden die Vorgaben des europäischen Primärrechts und insbesondere auch der EG-Daten-schutzrichtlinie dargestellt. Dabei werden zum einen die Auswirkungen der europarechtlichen Pflicht zur Einrichtung einer unabhängigen Kontrollstelle beschrieben. Zum anderen wird die Möglichkeit der Mitgliedstaaten zur Aufrechterhaltung eines Medienprivilegs erörtert.

Aus dem Inhalt: Die Stellung des Datenschutzbeauftragten beim öffentlich-rechtlichen Rundfunk · Die verfassungsrechtlichen Vorgaben für die Stellung des Datenschutzbeauftragten beim NDR · Datenschutz und Rundfunkfreiheit · Rundfunkfreiheit und Staatsferne des öffentlich-rechtlichen Rundfunks · Der Schutz der Rundfunkfreiheit durch Verfahren · Die Gesetzgebungskompetenzen · Die einfachgesetzliche Ausgestaltung der Rechtsstellung des Datenschutzbeauftragten beim NDR · Die europarechtlichen Vorgaben für die Stellung des Datenschutzbeauftragten · Die Vorgaben des europäischen Primärrechts · Die EG-Datenschutzrichtlinie und ihre Umsetzung · Die Kontrollstelle nach Art. 28 EG Datenschutzrichtlinie · Die Datenschutzgruppe nach Art. 29 EG-Datenschutzrichtlinie · Die Verarbeitung personenbezogener Daten und die Meinungsfreiheit nach Art. 9 EG-Datenschutzrichtlinie

Frankfurt/M · Berlin · Bern · Bruxelles · New York · Oxford · Wien
Auslieferung: Verlag Peter Lang AG
Moosstr. 1, CH-2542 Pieterlen
Telefax 00 41 (0) 32 / 376 17 27

*inklusive der in Deutschland gültigen Mehrwertsteuer
Preisänderungen vorbehalten
Homepage http://www.peterlang.de